질문
하는
사람

질문하는 사람

내 삶을 바꾸는 소소한 물음들에 관하여

김영서 지음

이매진의
시선
時線
15

질문하는 사람
내 삶을 바꾸는 소소한 물음들에 관하여

초판 1쇄 2022년 7월 7일
지은이 김영서
펴낸곳 이매진 **펴낸이** 정철수
등록 2003년 5월 14일 제313-2003-0183호
주소 서울시 은평구 진관3로 15-45, 1018동 201호
전화 02-3141-1917 **팩스** 02-3141-0917
이메일 imaginepub@naver.com
블로그 blog.naver.com/imaginepub
인스타그램 @imagine_publish
ISBN 979-11-5531-134-9 (03330)

• 환경을 생각해 재생 종이로 만들고, 콩기름 잉크로 찍었습니다.
• 값은 뒤표지에 있습니다.

> 2014년 1월부터 2017년 1월까지 월간 《복음과 상황》에 은수연
> 으로 연재한 글들을 추리고 수정, 보완해서 만든 책입니다.

　　　　　　　　　　　　　김영서입니다, 안녕하세요?

집 앞 카페는 가장 편안하고 시원한 곳입니다. 저는 익숙한 음악에 둘러싸여 연한 카푸치노를 마시면서 노트북 앞에 앉아 있습니다. 지금, 당신은 어디서 무엇을 하고 있나요? 이런, 어디든 제 책을 펼쳐 들고 계시겠군요.

　안녕하세요? 당신을 만나게 돼 참 반갑습니다. 제가 쓴 첫 책《눈물도 빛을 만나면 반짝인다》를 이미 읽은 분도 있을 테고, 이 책부터 만나는 분도 있겠죠? 어쨌든 괜찮습니다. 제가 어떤 삶을 살아온 사람인지 굳이 몰라도 무리 없이 읽을 수 있을 겁니다.

평범한 사람이 던지는 평범한 질문

　지금, 당신 곁에 살고 있는 평범한 사람이 일상에서 혼자 소소하게 던진, 마음속에서 굴리고 굴리며 눈덩이처럼 커진 질문들을 붙들고 쓴 글을 모았습니다. '왜 이런 시시한 것까지 질문하고, 고민하지?' 물을 분도, '어? 나도, 나도 궁금했는데'

반기는 분도 있을 겁니다. 아니면 '뭐 이렇게 솔직한 질문을 하냐?' 싶을 수도 있고요.

저는 어린 시절부터 궁금한 일이 참 많았습니다. 그런데 집에서도, 학교에서도, 교회에서도, 직장에서도 시원시원하게 물어볼 수 없었습니다. 어린 시절 집에서 뭘 질문할 수 없던 탓에 습관이 된지 모르지만 어디에서도 제 생각을 쉽게 물어볼 수 있는 분위기를 만나지 못했습니다. 그러다 보니 글까지 썼나 봅니다. 글을 쓰면서 제 안에서 솟아난 질문들이 저를 조금씩 깊어지고 넓어지게 했습니다. 작은 질문들을 함께하면서 서로 연결되고 싶다는 소망을 담아 책으로 묶었습니다. 이제 여러분들이 건네는 질문도 듣고 싶습니다. 마스크 벗고 만나 이야기 나눌 날을 기대합니다.

평범한 사람이 보내는 평범하지 않은 시선

친족 성폭력 생존자 '은수연'에 감동받은 분들도 이제 그 이름은 잊어주시면 좋겠습니다. 《눈물도 빛을 만나면 반짝인다》 개정판을 내면서 제 이름 '김영서'를 밝힌 적이 있고, 이 책에는 '센' 이야기도 없거든요. 친족 성폭력 피해를 겪은 사람도 별다르지 않습니다. 나이가 들어도 진로를 고민하고, 나이가 들어가니까 노후를 고민하거든요. 이런저런 질문을 하면서 살아가는 모습에 어이없어 웃을 수도 있겠죠. 지질하고, 소심하고, 사소한 일상을 담은 탓에 기대만큼 실망이 클지도 모르겠고요.

제 첫 책을 읽은 분이라면 크리스천으로 태어나 집에서 힘들게 살 때부터 가장 많은 대화를 나눈 대상이 하나님이라는 사실은 아실 텐데요, 지금 이 책도 마찬가지입니다. '개독교'라고 욕먹는 기독교가 참 부끄럽고, 친구들한테서 네가 교회를 계속 다니는 모습이 신기하다는 말도 듣지만, 저는 그 사람이 이용한 존재하고는 다른 하나님을 믿습니다. 예수님처럼 조금이라도 혁신적으로 살아보고 싶고, 다른 사람들에게 작은 사랑이라도 실천하려 합니다. 그러다 보니 제 글은 기본적으로 기독교 문화 안에 놓여 있습니다. 기독교인이 아닌 친구도, 교회를 떠난 친구도 읽어보고는 거부감은 안 든다고 하던데 말이죠. 평범함에서 거리가 먼 '은수연'이 아니라 평범한 사람 '김영서'가 당신 곁에서 뭐라고 꽁알거리는 말을 듣고 싶다면 큰 기대 없이 책장을 넘겨도 됩니다.

지질하고 소심한데다가 평범한 일상을 살다가 반항하고 싶은 마음이 들면 질문이라는 형식을 빌려 글을 썼습니다. 책으로 묶자는 말을 듣고도 계속 망설였습니다. 출판을 결정하고 난 뒤에도 혼자 고민하느라 몇 년을 또 질질 끌었습니다. 저처럼 평범한 사람들이 자기 목소리를 씨줄과 날줄로 삼아 글을 지을 수 있게 되기를 바라면서 용기를 냈습니다.

평범하지 않은 사람을 바라보는 평범한 시선

요즘 이런 질문을 자주 받습니다.

"어떻게 본명을 밝힐 용기를 내셨어요?"

용기를 낼 필요까지는 없었고요, 세 가지 변화 덕분에 '김영서입니다' 하면서 얼굴 드러내고 목소리 내어도 되겠구나 싶어 조금 담담하게 제 이야기를 하게 됐습니다.

가장 중요한 이유는 원초적 두려움을 주던, 저를 칼로 찌를지도 모른다는 불안에 시달리게 하던 존재가 사라진 세상이 시작된 때문이었습니다. 부엌칼을 들고 엄마를 협박하는 모습을 어릴 때부터 자주 봤거든요. 그 사람이 사라지고 나서 깨달았습니다. 여전히 저는 그 사람을 두려워하고 있었어요. 이제는 아빠라는 사람 때문에 겪게 된 제 삶을 다룬 책을 제 이름으로 내도 누가 저를 죽이려 달려드는 일은 생기지 않겠구나 싶어 마음이 놓였습니다. 그 사람은 숨기고 싶은 범죄일지 몰라도, 저는 그 범죄를 덮어주고 싶은 생각이 전혀 없었으니까요. 원초적 두려움을 주던 존재가 사라진 새로운 세상을 자축하는 의미로 저를 드러낼 수 있었답니다.

다음으로 변화하는 세상을 보면서 좀 안심한 덕분이었습니다. 서지현 검사와 김지은 작가가 이름과 얼굴을 드러내고 자기가 겪은 일을 말하는 모습을 보면서 용기를 냈답니다. '은수연'이라는 필명으로 강의를 다닐 때면 저는 다른 사람이 됐습니다. 가면을 쓰고 이야기하는 느낌도 들었죠. 어떤 날은 제 자신에게 질문하기도 했습니다. '내가 잘못한 일도 아닌데, 내가 왜 이러고 있지?' 지금 쓰는 '김영서'도 집을 나온 뒤에 제가 직접 지어서 법적으로 개명한 소중한 이름인데 하는 마음도 조금씩 커졌습니다. 결국 저는 앞선 이들이 보여준 용기 덕분에 제 이름으로 인사하면서 강의를 시작하게 됐습니다. 이제 친족 성폭력 피해자들도 하나둘씩 자기 목소리를 내고 있습니다. 용기를 낸 사람들의 목소리가 징검다리가 돼 또 다른 이들이 자기 이야기를 하게 되기를 바랍니다.

마지막으로 많은 사람들이 저라는 사람에게 품은 오해를 풀고 싶었습니다. 친족 성폭력이라는 끔찍한 일을 겪은, 그리고 그런 아픔을 극복하고 살아가는 이는 몹시 음울하거나 아주 강인한 사람이라고 상상하시더라고요. 다시 말하지만 저는 평범하고, 소심하고, 심지어 쩨쩨한 사람입니다. 집 앞 카페에서 당신 곁에 앉아 차를 마시고, 혼자 동네 공원을 산책하고, 코로나가 겁나 도시락만 먹으며 지낼 정도로 겁도 많답니다. 친족 성폭력 생존자 세 분을 만나 이야기를 나누는 영상을 촬영한 적이 있습니다. 강의할 때 가끔 그 영상을 보고는 묻습니다.

"친족 성폭력 생존자 네 명이 한꺼번에 모여서 이렇게 대화 나누는 일, 들어본 적 있나요?"

다들 처음이라고 대답하면 또 질문합니다.

"이분들이 이야기하는 모습을 보니 어떠세요? 우리 옆에 있는 평범한 사람들처럼 보이지 않나요?"

다들 고개를 끄덕입니다.

"말하지 못하고, 당신 곁에서 살아가는 피해자들이 있을지도 모릅니다. 힘들 때 힘들다고 조금 더 편안하게 말할 수 있는 세상이 되기를 바랍니다."

　저를 특이하게 바라보지 않은 사람들이 주변에 많아서 지금 이런 삶을 살 수 있었습니다. 저를 보면서, 저를 비롯한 친족 성폭력 생존자들이 대화를 나누는 모습을 보면서, 우리처럼 힘없는 사람들을 평범하게 대해주기를 바랄 뿐입니다.

　혼자, 마음껏, 가볍게, 버스킹 하듯 썼습니다. 저처럼 힘없는 사람들에게는 아무도 마이크를 안 쥐여주니까 어디든 이 궁금한 마음을 털어놓고 싶은 마음이었습니다. 여러분을 가볍게 만나고 싶었습니다. 힘없는 사람이 작은 목소리로 던진 질문과 솔직하게 털어놓은 생각을 읽은 여러분들도 주변 사람들하고 자기 안의 작은 질문들을 함께 나눌 수 있으면 좋겠습니다.

차
례

2부 하나님, 저한테 왜 이러세요?

3부 그 여자들의 이야기를 기억하시나요?

1부

우리는 왜
서로
모르는 걸까요?

질문
있습니까?

"이런 얘기 어디 가서 잘 안 하는데요."

이렇게 시작하는 속 깊은 이야기를 들어보셨나요? 저는 많이 들어봤어요. 제가 힘든 일을 겪으며 살아온 지난날을 고백하고 살아가는 사람이기 때문에 그런 이야기를 들을 기회도 더 많은지 모르겠습니다.

아프고 힘든 이야기는 많은 질문을 남깁니다. 그렇지만 누구에게 물어야 할지, 누가 답해줄지 몰라 가슴속에 담아두고 사는 힘없는 사람이 많더란 말입니다. 자기가 지닌 권리가 무엇인지도 모르는 이들의 목소리를 들을 때면 답답하기도 합니다. 저도 목소리 낼 줄을 몰랐거든요. 단순히 수가 적다고 힘없는 사람은 아닙니다. 목소리도 작고, 말할 기회도 적고, 어딘가 끼어서 자기 권리를 행사할 힘도 없는 이들이거든요.

집, 학교, 회사뿐 아니라 교회에서도 우리는 궁금한 것 못 묻고, 하고 싶은 말 못하면서 삽니다. 그래서 여기 작은 지면을 마이크 삼아 제 이야기일 수도 있고, 당신의 이야기일 수도 있는 얘기들을 나누고 싶습니다. 주류라 자부하는 분들이 들고 함께 고민할 수 있어도 좋고, 소수라 여기는 분들이 궁금한 일들을 용기 있게 물어주셔도 좋겠습니다.

누구보다도 제가 용기 없는 사람이었습니다. 이 눈치 저 눈치 안 보는 듯하면서 다 봤습니다. 궁금한 게 있어도, 아니다 싶은 일에도 말하지 못했습니다. 그런 이야기를 함께 풀어보려는데, 여러분 생각은 어떤가요? 이런, 또 눈치보는 질문을 하고 있네요.

왜 쓰냐고 물으신다면……

안녕하세요, 은수연입니다. 저를 모르는 분들이 많을 테니 자기소개부터 해야겠네요. 은수연은 제 필명입니다. "안녕하세요, 은수연입니다." 훨씬 저다운 진짜 이름은 따로 있지만, 제가 쓴 책으로 강의를 시작할 때도 저는 낯선 누군가를 소개하듯 이렇게 말했습니다.

새로운 글로 여러분을 만나면서 이 가면을 떼어낼 수 있으면 좋겠습니다. 쓰다보면 실험 정신이 발동하고, 이런저런 고민을 삶에 적용하고, 스스로 변화하게 됩니다. 글쓰기가 지닌 힘이죠. 적어도 제게는 그랬습니다. 글을 쓰면서 '은수연'을 떼어낼 힘도 키우고 싶습니다. 내면의 힘이 생기고, 단단해지면 그럴 수 있겠죠? 그때가 언제일지는 모르겠습니다.*

저는 2012년 8월 뜨거운 여름, 더 뜨거운 책 《눈물도 빛을 만나면 반짝인다》를 냈습니다. 제목이 꽤 시적이죠? 생김새도

시집 같습니다. 하얀 표지 한가운데에 큼지막하게 그려놓은 눈물 한 방울이 빛을 만나면 정말 반짝입니다. 예쁜 표지와 제목 때문에 내용도 예쁘겠다고 깜빡 속은 이들도 꽤 있었답니다.

독자들은 부제에 일단 놀랍니다. '어느 성폭력 생존자의 빛나는 치유 일기'거든요. 책 앞머리에 경고문까지 넣었습니다. 각오하고 읽든지, 아니면 안 읽으면 좋겠다고요. '내가 괜히 사람들 상처 주는 건가?' 이런 염려도 했지만, 빅터 프랭클의 《죽음의 수용소에서》와 안네 프랑크의 《안네의 일기》 무삭제판을 읽으면서 용기를 냈습니다.

《눈물도 빛을 만나면 반짝인다》는 나치의 강제 수용소만큼이나 끔찍한 제 기억들의 기록입니다. 저는 친아빠에게 성폭력을 당했습니다. 그런 삶을 써놓은 책입니다. 책을 세상에 내놓은 뒤 많은 일이 있었습니다. 책을 읽고 힘을 얻었다며 손편지를 건네고 선물을 보내는 소중한 독자들도 만났습니다. 마음과 정성이 듬뿍 담긴 편지와 선물을 받을 때면 얼떨떨하기도 했습니다. 뒷모습이기는 하지만 신문에 대문짝만하게 실렸고, 모자이크 처리를 한 채 몇몇 방송 프로그램에도 출연했습니다. 시사 프로그램을 넘어 다큐멘터리도 찍었습니다. 인터뷰를 여러 차례 하고, 북 콘서트도 했습니다. 법조인들하고 함께 성폭력 문제에 관해 이야기하는 토론회나 강연회에도

• 필명에 관련된 구절은 안 고쳤습니다. 글을 쓰던 때의 분위기를 전하려고요. 2020년 3월 8일에 《눈물도 빛을 만나면 반짝인다》 개정판을 내면서 제 이름을 밝혔습니다. 저는 김영서입니다.

참석했죠. 직장에 휴가를 내거나 주말에 몰아서 이런 일들을 처리하느라 바쁘고 힘들어도 보람찼습니다.

'도대체 내 삶에 왜 이런 고통이 있나?' 어릴 적부터 수없이 묻고 묻던 제게 의미 있는 어떤 삶이 시작되는 느낌이었습니다. 피해 여성들이 보내오는 편지나 소식이 정말 반가웠죠. 각자의 삶 속에서 숨죽이고 아파하던 이들이 곳곳에서 '이제 숨 좀 쉬고 편히 살자!'면서 조금은 편안해진 숨소리를 들려주는 듯했습니다. 고통스럽게 썩어만 가던 내 안의 상처가 신선한 공기를 만나 잘 아물어가는 날들의 마음이 전해져서 희망을 주고 힘이 된다는 답장을 지금도 받고 있습니다. 글의 힘이 바로 이런 것이구나 싶었습니다.

저는 어디서든 입을 여는 데 많이 망설이는 사람입니다. 글도 잘 쓰지 못합니다. 이런 제가 덥석 연재를 맡았습니다.

"아! 못 쓰겠다, 안 되겠다, 뭐야 이게!"

이런 말을 반복하면서 쓴 원고를 계속 고치고 다듬었습니다. 그러다 어느 날 글을 쓰자고 결심하게 된 사건이 벌어졌습니다.

"자기 합리화 아니냐?"

어느 곳에서 북 콘서트를 했습니다. 그리 큰 규모는 아니었죠. 어린이들을 지원하는 일을 하는 사람들이 많이 참여하고, 피해 아동들도 오는 자리여서 용기를 냈습니다. 관객을 신뢰하라는 조언을 받아들여 질의응답도 자유롭게 열어뒀습니다. 그날, 한 할아버지가 제 주먹에 힘이 들어가는 질문을 했습니다.

"우리는 공자와 맹자, 동양의 문화에 사는 사람들인데, 숨기고 살아야 하는 걸 뭐 이렇게 얘기해요? 너무 서구화된 거 아닙니까? 자기 합리화가 심한 거 아니에요?"

객석에는 피해 아동도 앉아 있어서 제가 부르르 떨거나 당황해서 허둥대는 모습을 보이고 싶지 않았습니다. '나는 당신이 그렇게 말해도 상처받지 않아. 당황하거나, 당신 따위 때문에 동요해서 화내는 모습은 보여주고 싶지 않아. 그런 목적으로 딴지를 거는 당신, 그 예상을 다 깨주겠어.' 이런 마음으로 대답했습니다.

"자기 합리화라고요? 그렇게 생각할 수 있지만, 자기 합리화는 자기만 자신을 위해 해줄 수 있는 겁니다. 여러분도 자기를 지키고 상처받지 않게 하기 위해서는 얼마든지 자기 합리화를 해주세요. 그리고 상처주려고 하는 말들은 적당히 무시하며 지내세요. 다음 질문으로 넘어갈까요?"

목적을 달성하지 못해 기분이 상한 할아버지는 곧바로 자리를 떴습니다. 그 할아버지가 질문한 순간 스태프들은 움찔했답니다. 어떻게 넘길까 싶어서요. 한 성깔 하는 저인데, 지금 생각하면 그때 어떻게 부드럽게 넘어갈 수 있었는지, 아니 왜 그렇게 넘어갔는지 오히려 화가 납니다. 스태프들은 의외로 아무렇지 않은 듯 넘기는 제가 '내공이 좀 되는 줄' 알았답니다.

아니었습니다. 연극이 끝나고 무대 뒤에 혼자 남은 배우처럼, 잠깐 의자에 앉아 있는데 눈물이 흘렀습니다. 화도 났습니다. '뭐 저런 재수없는 사람이 다 있대? 뭐 하는 사람이야? 알아내서 아주 개망신을 주고 말 테다.' 일이 벌어진 바로 그때 당신이 한 그런 말이 얼마나 이상하고 사람 마음을 상하게 하는지 아느냐고 물어야 했습니다. 화를 내도 되는데, 그러지 못해서 아쉽습니다.

애꿎은 스태프들에게 따지듯 물었습니다.

"저 할아버지 대체 뭐 하는 사람이에요?"

"이 지역에서 그룹홈을 한다는데, 거기 살던 아이들이 아동 학대로 신고를 해서 시설이 운영 정지를 먹었대요. 그래서 저렇게 앙심을 품고 다니면서 저러나 봐요. 영화 〈도가니〉 보면서 행사를 한 적이 있었는데, 그때도 와서 이상한 소리를 하고 갔어요."

'그렇구나. 정상은 아닌 사람이구나.' 그렇게 생각하면서도 계속 속이 아려왔습니다. 스태프들하고 있을 때는 티 내고 싶지 않은데, 그딴 할아버지 말에 상처받고 싶지 않은데, 점점 아파하는 저라는 사람한테도 속이 상했습니다. 그런 마음이 이틀을 가더니 혼자 있을 때는 울기까지 했습니다.

힘이 없는 사람은 글을 써야 해

그날 밤도 울적한 기분으로 잠들었습니다. 오랜만에 아빠라는 사람이 꿈까지 찾아왔습니다. 집에 갇혀 꼼짝도 못하게 된 채로 아빠라는 사람과 그 사람의 아버지에게 욕을 들었습니다. 꿈에서도 울고, 일어나서도 울고, 당신들이 잘못했다고 말도 제대로 하지 못하면서 울었습니다. 센 척은 하지만 여리고 약한 저를 보면서 토닥여줄 방법을 생각했습니다.

집에 돌아와 마음먹었습니다. '글을 써야겠다, 꼭!' 성폭력 피해자를 바라보는 인식을 바꾸고 싶은 마음에 조금씩 써온 글, 숨어서 아파하는 이들이 숨통을 틀 수 있게 하는 글. 성폭력 피해자만을 위한 글은 아닙니다. 그냥 힘없고, 목소리 작은 우리 이야기를 쓰고 싶어졌습니다. '힘'도 빼고, '척'도 빼고, 솔직하게. 나만의 문제가 아니라 우리의 문제를 말입니다.

'우리 문화' 운운하는 분위기에서 폭력과 피해를 당연히 여기며 지내느라 힘없는 사람들이 차곡차곡 쌓아온 마음속 질문들이 얼마나 되든지 한번 풀어보자 싶었습니다. 제가 아는 우주 최대의 '갑' 하나님께도 궁금한 질문을 마구 던질 테고, 책을 읽거나 영화를 보면서 품은 의문들도 툭툭 던질 겁니다. 무식하게, 용감하게 해보렵니다. 이를테면 이런 질문 말입니다. "하나님, 왜 이런 부모를 허락하셨나요?" "드디어 제 친구가 '우리도 동남아 남자랑 결혼해야 하는 거냐?' 하는데 어떻게 해야 하나요?" "목사님이 또 자위 얘기를 하면서 형제들에게 성욕에 관한 죄책감을 심어주는데, 자매들은 그런 거 없나요?" 생각도, 궁금한 것도 많은데 아무도 마이크를 건네지 않아 말 못하며 사는 사람들 목소리도 담아보고 싶습니다.

오늘따라 글쓰기 선생님이 하신 말이 자꾸 생각납니다.

"힘이 없는 사람은 글을 써야 해, 글!"
아무도 마이크를, 말할 권리를 주지 않으니까 그런가 봅니다.

나는
어디 소속일까?

'대학부'(이 명칭이 알맞지 않다고 생각하지만 여전히 이렇게 불러서 저도 씁니다) 때는 안 그랬습니다. 어느 대학을 다니든, 대학을 다니든 직장을 다니든, 연애를 하든 아니든 함께 할 수 있었습니다. 안 좋은 대학을 다니면 그런 열등감을 이야기하는 친구도 있었고, 대학생이 아니라서 마음이 힘들면 그대로 나눌 수도 있었습니다. 연애하면서 겪는 온갖 어려움도 가까운 곳에서 보고, 성공적인 연애를 하든 늘 실패하든 함께했습니다. 나이가 어리고 순수해서 그랬을까요?

'비혼 왕언니'의 자리

몇 살을 더 먹은 뒤 '청년부'에 가게 됐습니다. 청년부에서도 몇 년 동안은 소그룹을 하고 서로 삶의 어려움도 나눌 수 있었습니다. 백수 친구가 직장을 구하는 동안 진로 문제를 두고 함께 기도도 했습니다. 하나님도 해결하기 어려워 보이는 이성 교제와 결혼 문제를 두고 함께 속닥이다가 기도했습니다. 한

해 두 해 갈수록 하나둘 결혼해서 청년부를 떠나더군요.

결혼 광고를 할 때면 목사님은 먼 곳에서 찾지 마라, 어서 어서 결혼해라, 옆에 한번 봐라 하시지만, 딱히 '정답' 같지도 않습니다. 괜히 가까이 앉아 있는 남동생들이 이 많은 누나들을 부담스러워 할까 봐 불편해지기도 합니다. 나이가 좀더 많은 사람들은 묻혀 지내기 좋은 다른 교회로 옮기거나, 선교사로 헌신하려고 먼 나라로 떠나기도 했습니다. 소리 소문 없이 사라지는 선배도 많았습니다. 결혼이라는 과제를 무사히 마친 언니들, 친구들, 동생들은 모두 '성년부'(3040 기혼자 부서)로 올라갑니다. 친한 사람들하고 함께하고 싶은데 단지 결혼하지 않았다는 이유만으로 성년부가 되지 못하는 사람이 늘어갑니다.

대학부 시절 고등부 교사를 할 때 학생이던 꼬마가 청년부에 올라올 때까지 꼼짝 없이 청년부에 발목 잡혀 있었습니다. 그럴 때는 왠지 나 혼자만 나이에 맞는 생애 과업을 계속 달성하지 못하는 느낌마저 듭니다. 한 번씩 연애가 끝날 때마다 재수생, 삼수생이 되는 듯합니다. 공동체 안에서 하는 교제는 그래서 불편합니다. 그래도 열심히 직장 생활 하고, 일상을 살아왔습니다. 결혼하고 사는 사람들 못지않게 사랑하고, 고민하고, 나이들며 어른이 돼갔죠.

시간이 흘러 청년부 고령자 '톱 텐'에 들었습니다. 교회에서 마주쳐 인사를 건네는 이들은 늘 물었죠.

"뭐 좋은 소식 없어요? 좋은 일 없어?"

과민한 탓일까요. 스스로 청년부의 짐 같고, 숙제 같고, 풀기 어려운 문제가 돼버린 듯한 느낌을 받습니다. 결혼 안 한 나이든 사람에게는 결혼밖에는 좋은 일이 없다는 듯 대합니다. 슬금슬금 빠지다가 아예 청년부를 안 갑니다. 저라는 사람은 예배를 넘어서는 공동체 소속감이 필요한데, 채워지지 않으니 답답합니다. 삶도 나누고 싶고, 친구도 있으면 합니다. 왕언니 자리 말고, 그냥 친구요.

버티기

다른 대안이 필요하다고 생각이 들어 이런저런 자리를 찾아봤습니다. 노래하기를 좋아하니까 찬양팀에 가봤습니다. 처음에는 좋았습니다. 2년 넘게 금요기도회도 다녔죠. 그런데 찬양팀에서도 계속 왕언니, 왕누나로 불리니 편치 않았습니다. 금요기도회 때 교제와 결혼의 문을 열어달라며 공동체를 위해 하는 기도를 빠지지 않고 듣는데, 점점 지쳐갔습니다. 누가 뭐라 하지는 않았지만, 찬양팀 자리에 서 있는 저를 보면서 '중보 기도仲保 祈禱 엄청 안 이루어지네'라고 생각할 듯한 느낌마저 들었습니다. 자기 자신이 아니라 다른 사람을 위해 하는 중보 기도가 저 때문에 힘을 못 받으면 안 되니까요.

"뭐 좋은 일 없어?"

결혼 안 한 사람에게 좋은 일은 결혼밖에 없는 모양입니다. 여전히 그런 말을 들을 때면 아무렇지 않은 척하지만 찬양하려고 사람들 앞에 서면 머릿속에서 하나님은 하얗게 사라져버려, '하나님 어떻게 하실 거예요, 저' 하는 마음으로 겨우 버티기도 합니다. 2년 정도 버티다가 후배들에게 자리 양보하듯 찬양팀을 빠져나왔습니다.

이제 주일학교 봉사를 해야 하나 싶어서 아는 언니를 따라 유초등부에 도우미 교사로 가본 적도 있습니다. 〈서프라이즈〉와 〈출발! 비디오 여행〉도 포기한 결단이었는데, 출근할 때보다 일찍 교회에 가야 하는 주일학교 교사는 몸도 피곤하고 마음도 무거워집니다. 대학부 때 알던 한참 후배들이 학부모가 돼 아이들을 맡기러 옵니다. 나도 어쩔 수 없는 한국 사람인가 봅니다. '이 나이에 뭐하나!' 이런 마음이 슬금슬금 올라옵니다. '에잇, 나도 그냥 늦잠 자고 3부 예배 올래. 주일 아침부터 이게 뭐야. 이런 일 신경 안 쓰는 사람들이 하면 되지 뭐. 나는 못하겠다. 주일에 꼭 해야 하는 예배만이라도 드리자.' 봉사를 하면서 버텨볼 생각을 버렸습니다. 청년부에서, 교회에서 조금씩 '나'가 증발해갑니다. 다른 친구들은 어디서 혼자 어떻게 버티는지 모르겠습니다.

빠지기

'주일 예배만이라도 꼭 드리자. 행위 아닌 존재하기의 주일 보내기라도 열심히, 성실하게 해보자.' 이렇게 생각한 첫 주, 교회를 못 갔습니다. 교회 봉사에 중독된 사람도 아닌데 소속감 갖기가 어려워지니 눈도 등도 안 떨어졌습니다. 늦잠 자고 드라마 재방송 보면서 주일을 홀딱 흘려보냈습니다. 주일에 빈둥대는 데 익숙지 않은 몸은 뭐가 허한지 자꾸 먹고 싶다고 아우성입니다. 대충 챙겨 먹고 어떻게 해야 할지 멍하니 있었습니다. '그래, 다음주에는 꼭 나가자.' 스스로 약속하고, 한 주를 보냈습니다.

이럴 때는 일주일이 무척 빠르게 지나갑니다. 주일 아침이 됐습니다. 일부러 일찍 일어나 부지런을 떱니다. 머리도 감고, 잘 안 하는 화장도 했습니다. 안 입던 치마도 챙겨 입고, 부츠도 신었습니다. 현관문을 나서는데 지갑을 안 챙겨서 다시 들어가고, 열쇠를 어디 둔지 몰라서 찾고, 코트가 이상한 듯해 갈아입다가 시간이 훌쩍 지나서 설교 끝날 때나 도착하겠다 싶어집니다. 지각하기는 더 싫어 곱게 차려입은 그대로 방에 들어와 앉습니다. 이런 날도 여러 번입니다. 차려입지 않고 그냥 쉬면서 안 간 날에 견줘 좀더 멍해지고 서글퍼집니다. 예배를 드리고 싶은데 나는 왜 교회를 못 가는가? 왜, 왜, 왜?

기웃거리기

어김없이 찾아온 주일에 변함없이 교회 갈 준비를 합니다. 화사한 기분으로 예배에 가고 싶어 화장도 해봤습니다. 지각도 하지 않도록 시간 맞춰 나왔습니다. 몇 분 뒤 작은 동네 교회에 고개 푹 숙이고 앉았습니다. 낯선 이는 신자 등록카드와 작은 화분을 받았습니다.

"새 신자 등록카드인데, 작성 좀 부탁드려요."

"아, 제가 다른 교회 다니는데 오늘만 온 거라서요. 등록은 좀……."

"그럼 방문자로 소개하게 이름만 적어주세요."

"아, 부담스러워서 그러는데요. 안 해도 될까요?"

활짝 짓던 웃음이 약간 멈칫합니다. 죄송하지만 어쩔 수 없었습니다. 찬양도 설교도 소박하고 편했습니다. 2층 상가 건물에 있는 작은 동네 교회 예배가 좋았습니다. 어려운 말보다 아주머니와 할머니들 웃음소리 넘치는 모습이 푸근했습니다. 다음주도 이곳에서 예배를 드리자고 마음먹고 집에 돌아왔습니다. 그다음 주에도 가고, 새벽 기도도 가고, 금요 기도회도 갔습니다. 가까워 좋고, 익명성도 유지할 수 있어 좋았습니다. 딱 거기가 끝이었습니다. 띄엄띄엄 가기는 했지만 두 달 넘게 다니니 등록을 안 하기가 좀 죄송했습니다. 마음의 준비가 되지 않았거든요. 그곳에서도 내가 속할 곳이 있을지 살폈는데, 보이지 않았습니다. 오래 다닌 교회보다 청년부 수가 훨씬 적었고, 이곳에서도 금요 기도회에서는 30대 이상 청년들의 교제와 결혼이 기도 제목이었습니다.

공허한 '공예배'

아무튼 마음을 정해야 할 듯했습니다. 결혼 안 한 사람이 교회에서 어딘가 소속되려면 섬김(봉사)을 해야 하는가? 공동체 소속감을 위해 섬겨야 하는 걸까? 예배만 1시간 드리면 되나? 일단 예배만 드리기로 마음먹었습니다. 그날따라 설교 주제가 교회의 본질은 소공동체라는 내용이었습니다. 예수님도 이 땅에 오신 때 열두 형제들하고 공동체로 사셨다는 겁니다. 설교를 끝낸 뒤에 목사님은 통성 기도를 인도하셨습니다.

"혹시 지금 소그룹에 소속되지 못한 분들이 계시다면 '주님, 제가 속할 수 있는 공동체를 주십시오' 하고 기도하십시오."

저도 막막하지만 절실하게 기도했습니다.

'하기야, 예수님은 지금으로 치면 변희재나 진중권 정도 되는 사람들도 제자로 함께 데리고 다니셨다면서요. 근데 주님, 저는 나이 많고, 결혼 안 했다고 딱히 함께할 이들이 없네요. 제발 저도 함께 교제할 소그룹을 주세요. 제 자리는 어디 있을까요?'

그 기도는 지금도 응답이 없습니다. 몇 달에 걸친 방황을 정리하고, 다시 대학 때부터 다니던 교회의 대예배를 꾸역꾸역 갑니다. 예배 시간에 살짝 늦게 갑니다. 그래야 바쁘게 뛰어들어가 '잘 지내지?'나 '좋은 소식 있어?'처럼 허공을 치는 인사를 나누지 않을 테니까요.

가끔은 '잘 지내지?' 하고 늘 묻는 이들에게 '아니, 못 지내!'라고 말하고 싶어집니다. 그러면 어떻게 반응할지 궁금하기도 합니다. 평소에는 그저 '응, 너는?' 하면서 이쪽에서도 허공을 한 방 쳐주고 스치게 되기 때문입니다. 제가 다니는 교회에만 있는 문제일까요? 아무튼 살짝 지각해서 무사히 들어가 앉습니다. 예배당에 들어가 앉으면 마음이 조금 놓입니다. 앞사람 뒤통수만 보면 되니까요. 목사님도 커다란 화면으로 바라보니까 직접 눈 마주칠 일은 없습니다.

"우리 옆 사람과 인사 나눠볼까요? 잘 오셨습니다. 축복합니다, 사랑합니다."

가끔 목사님이 이렇게 주문하실 때는 대략 난감입니다. 아는 사람이면 쑥스러워하면서도 대충 따라할 수 있습니다. 낯선 사람일 때는 앞만 멀뚱멀뚱 바라보면서 '사랑하지 않는데……' 하는 마음으로 뻘쭘한 시간이 지나기만을 기다립니다. 예배가 막바지에 이르러 목사님이 축도를 하면 마지막 '아멘'이 끝나기 무섭게 튕겨 나옵니다. 깊이 없는 인사 나누기, 정말 싫습니다. 뒤통수만 보다가 나오는 '공예배'는 어딘지 공허합니다.

꼭 분리해야 할까요

나이가 들어갈수록 교회 다니는 사람들은 둘로 나뉘는 듯합니다. 결혼한 사람과 결혼하지 않은 사람. 결혼한 사람도 정상적으로 결혼 생활을 유지하는 사람과 그렇지 않은 사람으로 나뉠지 모르지만, 아무튼 겉보기에는 그렇습니다. 결혼을 해야만 들어갈 수 있는 성년부는 청년대학부하고 다릅니다. 교회 어른들 몫인 재정도 담당하면서 교회가 굴러가는 데

중추 구실을 하죠. 중요한 의사 결정 기구인 당회도 결혼한 남자들이 차지하고 있다고 합니다(그 밖에 여러 차별과 구별이 있을 테지만 그중에서 커 보이는 예를 하나만 들었습니다). 어찌됐든 성년부는 결혼을 해야만 들어갈 수 있습니다.

결혼 안 한 사람은 영원히 청년으로 남아야 하는 걸까요? 짐 되기 싫고, 뭔가 숙제 안고 사는 느낌을 떨치려면 대충이라도 결혼을 해야 하는 걸까요? 그러면 안 되지 않나요? 교회에서 굳이 결혼을 기준으로 사람을 나눠야 하는지 잘 모르겠습니다. 결혼한 사람만 들어가는 성년부에 속해 있다가 '돌싱'이 되면 다시 빠져나오기도 하더군요. 가족중심주의, 결혼으로 구성된 가정을 정상 또는 보통의 기준으로 삼아 자기들만 모이는 부서 모임. 늘 그래왔다고, 모두 다 그렇게 하는데 뭐 어떠냐고 할 수도 있겠네요. 그런데 애초에 그 기준이 없었다면 어땠을까요? 꼭 그렇게 나눠야만 할까요?

진짜 주인공이
누구냐고요?

1월 1일로 다시 돌아갈 수 있다면……. 만약 지금 영국 드라마 〈닥터 후Doctor Who〉에 나오는 닥터의 타임머신이 앞에 나타나서 당신을 올해 1월 1일로 돌려보낸다면 어떻게 하실 건가요?

어느 아메리카 원주민 부족은 11월을 '모두 다 사라지지는 않은 달'이라 불렀다고 하죠. 모두 다 사라지기 전에 뭐라도 해보려고 속도를 내려는 지금의 저에게 딱 들어맞는 말입니다. 12월은 생각이 많아지는 달 같습니다. 새해 첫날 작정한 다이어트도, 이것저것 세운 계획들도 딱히 해놓은 게 없습니다. '또 한 살을 먹는 나는 뭔가? 제대로 살고 있는 건가?' 온갖 생각이 듭니다.

1만 4000번의 하루

1월 1일에 세운 계획들을 잘 지킨 분들이 부러워요. 박수를 보냅니다. 저는 왜 그렇지 못한 분들에게 더 마음 쓰이고, 공감 가고, 나누고 싶은 이야기가 많은 걸까요? 저도 비슷한 사람이라서 그런가 봅니다. 1월 1일로 돌아갈 기회가 온다면 올해를 처음부터 다시 시작하고 싶습니다. 이것저것 집어먹은 음식들 줄여서 살 덜 찌고, 좀 덜 쉬면서 더 열심히 공부하고, '아, 이렇게 말할걸' 싶은 강의를 다시 하고 싶습니다. 뭔 배짱인지 반성하면서 나 좋다는 고마운 사람 거절하지 않고 진지하게 만나보렵니다.

그렇게 1년을 다시 살고 나면 12월에 '이번에는 제대로 살았네. 타임머신 다시 안 타도 되겠어' 할 수 있을까요? 과거로 돌아가는 타임머신이 있다면 저는 계속 1월 1일로 돌아가서 올해를 영영 벗어나지 못하지 않을까 싶습니다. 여러분은 어떠세요?

돌이킬 수 없고, 계속 속도만 높이면서 앞으로 달려가는 시간 속에 당신의 1년 365일은 어땠는지 궁금합니다. 저는 일어나서 세수하고, 커피나 뭐 간단한 음식으로 아침을 때우고, 일하거나 공부하고, 점심 먹고 오후에 일하고, 저녁 먹고, 아주 가끔은 산책도 하고, 집에 와서 씻고 드라마 좀 보다가, 휴대폰으로 검색 좀 하다 잠자리에 듭니다. 요즘은 함께 사는 동생이 있어서 이야기도 하고 가끔 집에서 밥도 같이 해먹지만, 혼자 살 때는 말 한마디 없이 쳇바퀴만 돌았습니다.

이런 하루가 30번 정도 모이면 한 달로 묶어서 보내고, 다시 이 묶음이 12개가 되면 1년으로 묶어 털어내고 새롭게 1월 1일을 시작합니다. 이런 세월을 수십 번 보냈습니다. 1만 4000번의 하루가 모여 지금의 제가 됐네요.

여러분이 쌓아온 하루는 얼마나 되나요? 오늘도 저는 별다를 것 없는 하루를 보내고 이제 잠들기 직전입니다. 지금 이 글을 쓴다는 점 정도만 조금 다르죠. 나머지 시간은 반복이고, 지루하기도 합니다. 어디서 어떤 변화와 재미를 만들 수 있는지 모르겠습니다. 이런 지루한 일상을 반복하는 나도 하나님한테는 소중한 한 영혼이라지만, 이럴 때는 70억 인구 중 그저 그렇게 살다 스러져가는 아무런 존재감 없는 사람 같다는 생각이 스칩니다. '나는 정말 아무것도 아니구나, 아무것도 못했구나, 어릴 때는 뭐 좀 하나 싶었는데……'

드라마 속 주인공 대 현실 속 인생들

주말에 가끔 두부 가게 아저씨네 가족이 주인공인 드라마를 봅니다. 언젠가는 세탁소 주인아저씨네 가족이 주인공인 드라마도 봤습니다. 저 멀리 시골 식당에서 일하는 파마머리 여자나 카페에서 아르바이트하는 '미혼모'가 주인공으로 나오기도 합니다. 집이 그리 넉넉하지도 않고 스펙이 막 좋지도 않은, 나 같은, 내 친구 같은 여자들이 주인공인 드라마를 넋놓고 봅니다.

주인공들은 애 딸린 돌싱 아니면 비혼모입니다. 그런데도 킹카들이 죽자사자 매달립니다. 심지어 그 여자들은 자기를 좋아하는 남자들을 밀어내기도 하고 구박하기도 합니다. 아무리 남자 주인공이 꾀죄죄하게 나오고 말단 사원이어도 쉽게 알 수 있죠. 재벌 집 아들인데 '특훈' 중이거나, 사서 고생하는 재벌 2세거나, 거지 놀음 중인 왕자라는 비밀. 남자들 직업은 '사'자가 들어가야 합니다. 그래야 여자를 고단한 일상에서 끌어올릴 뭔가가 될 테니까요.

여자 주인공이 자기 자신 덕분이 아니라 엮이는 상대가 대단한 남자라서 특별해지는 듯합니다. 물론 저 같은 시청자들이 던지는 비난에 대비해 여자 주인공은 바느질을 잘하거나, 음식 솜씨가 좋거나, 예뻐도 무지 예쁘거나, 바보처럼 착합니다. 여자 주인공이 살아내는 삶은 지금 여기에서 하루하루를 살아가는 평범한 사람들, 바로 나와 당신의 이야기 같았습니다.

우리 일상 속 그 여자들의 진짜 삶은 어떤가요? 드라마처럼 평범하다 못해 안 좋은 현실을 살아가는 친구들을 많이 봅니다. 다이내믹하지도 않고, 대단한 뭔가를 성취하지도 못한 여자들은 묵묵히 견디며 하루하루를 살아냅니다. 할 수만 있다면 얼른 타임머신 타고 뭔가 변화할 수 있는 시점으로 친구를 데려가 다른 선택을 하도록 돕고 싶습니다. 저를 비롯해 우리 친구들은 그다지 대단한 사람들에 연결돼 있지 않고, 근사한 연인을 만날 가능성도 거의 없습니다. 평범함을 넘어 지루한 보통의 삶은 거스를 수 없는 운명 같습니다. 쳇바퀴 도는 햄스터는 귀여운데, 어제가 오늘 같고 오늘이 내일 같은 삶은 재미없어 보이기만 합니다.

그러다가 문득 '이런 게 진짜 인생의 주인공인 삶 아닌가' 싶어졌습니다. 진정한 연기파 배우는 시청률에 상관없이 열심히 하는 사람이듯, 봐주는 사람 없고 누가 알아주지 않아도 맡겨진 무대에서 열심히 자기 구실을 하고 있으니 말입니다.

나이들수록 일상을 잘살아내는 일만큼 대단한 힘은 없다는 사실을 깨닫습니다. 재미를 추구하며 살아온 제 삶은 참 다이내믹하기는 했습니다. 울 일도, 웃을 일도 참 많았죠. 그런데 제 주변에는 늘 자기 삶을 유지하는 순한 사람들이 많았습니다. 잔잔하고 깊은 호수 같은 친구들이요. 별로 튀지도 않습니다. 한번 뭘 하면 진득하게 오래갑니다. 살림하면서 애도 잘 키우고, 매일 힘들다고 하면서 간호사로 최선을 다해 일합니다. 만화 그려 버는 적은 수입으로 가족들 건사하며 살기도 하고, 부모님하고 함께 시장에서 일하기도 합니다.

시청률 따위 아랑곳 않는 주인공

유독 마음에 남는 친구 이야기를 들려드릴게요. 친구의 삶은 고군분투하는 정도가 드라마 뺨칩니다. 이야기를 들으면 시즌 몇에서 끝날지 전혀 예측 불허입니다. 친구는 10년 넘게 장애인 시설에서 생활 지도 교사로 일했습니다. 지금은 초등학교 병설 유치원에서 장애 어린이를 돌봅니다. 보조 교사라 월급도 적고 전망이 보이지 않아 조금은 걱정입니다. 함께 일하는 선생님들도 여기 다니면서 뭔가 준비해 좀더 전문성 있는 일을 하라고 조언한답니다.

정작 일상에 지친 친구는 꿈꿀 틈을 어떻게 내야 하는지 잘 모릅니다. 신부전증으로 오랜 시간 병상을 지킨 아버지, 그 아버지를 간병하며 지쳐가는 어머니, 오빠네 부부가 갈라서면서 맡긴 조카까지 세 식구를 책임져야 하는 삶의 무게를 저는 감히 상상도 못하겠습니다.

독실한 불교 집안에서 자란 친구는 서른 살에 기독교로 개종해 마흔이 될 때까지 신앙을 지키고 있습니다. 청년부로 교회 생활을 시작한 뒤 다른 부서 활동은 한 적이 없어서 나이가 더 들면 어떻게 할지도 막막합니다. 아무리 신앙생활을 열심히 해도 삶의 무게를 함께 나눌 형제(남자)는 적어도 우리 교회 안에는 없습니다. 같은 교회 다니는 그 친구가 이런 이야기를 한 적 있습니다.

"처음 교회를 막 나오기 시작한 때였어요. 하루는 잠을 자는데 내가 깊은 우물에 빠져 있는 거예요. 우물 입구 뚜껑도 닫혀 있고, 그래서 막 소리쳤죠. 불교에서 외우는 뭐를 외웠어요. 그런데 가위눌리는 느낌이 점점 더 심해지면서 죽겠는 거예요. 그래서 순간 '하나님 살려주세요' 했더니 뚜껑이 열리면서 그 깊은 우물 속으로 환한 빛이 들어왔어요. 그때부터 정말 믿게 된 거 같아요."

신기했습니다. 이런 이야기를 별로 안 좋아하고 잘 믿지도 않지만, 이 친구는 진짜 같습니다. 10년을 알고 지내는 동안 과장법을 전혀 쓸 줄 모르는 무뚝뚝한 친구라는 사실을 알고 있어서 더 신기했습니다. 아무튼 친구는 이런 믿음으로 나이든 교회 언니 대열에 합류하고 나서도 열심히 교회 생활을 하고 있습니다. 제가 물었습니다.

"지금 이 땅에서 고단한 삶을 살아가고 있는 당신에게 하나님은 어떤 존재인가요?"

"하나님의 타이밍을 생각해요. 도대체 언제지? 궁금하고 답답하기는 하지만, 그래도 믿어야죠. 그래도 하나님이 나를 내 인생의 주인공으로 만드셨으리라고 생각해요. 그냥 뭐, 주인공이라서 이렇게 더디고 힘든 건가 생각해요. 드라마 같은 거 보면 주인공 대부분이 그렇잖아요. 만약 앞으로도 혼자 산다고 해도 '왜 저한테 좋은 사람을 안 주셨어요, 하나님? 왜요, 왜요?' 하지는 않을 거 같아요."

모태 신앙인인 저도 갖지 못한 단단한 뭔가를 부여잡고 있는 그 친구가 마냥 신기했습니다. '일어나는 일들에 화를 내지 말라. 신들은 우리의 분노쯤은 개의치도 않는다'는 어느 고대 시인의 말을 이미 알고 있는 듯한 삶의 태도에 감동받기도 했습니다.

굳이 카메라가 돌아가고 있지 않아도, 어느 누구 하나 주목하지 않아도, 시청률 따위 아랑곳 않고 펼쳐지는 드라마. 이런 진득함으로 힘든 시간을 버티고, 주어진 짐을 팽개치지 않으면서 평범한 하루를 살아낸 친구가 인생 드라마의 진짜 주인공입니다. 살을 빼도 20킬로그램 넘게 빼야 하고 뭔가 대단한 한 가지는 완성해야만 주인공이 될 수 있다는 말은 세상이 당신을 속이려는 함정인지도 모릅니다. 살이 빠지기는커녕 더 쪘대도, 굳이 무엇을 잘해내지 못했어도, 올해 계획한 일들을 멋들어지게 완성해내지 못했더라도, 조용하고 묵묵하게 평범하고 지루한 일상을 하루하루 견뎌내어 365회를 쌓은 당신, 당신이 진짜 삶의 주인공이 아닐까요?

사랑하는 사람들끼리
잘 수도 있는 거 아냐?

아직 직장인이던 지난겨울, 다가올 백수 시절을 대비해 사재기를 했습니다. 비타민, 생리대, 쌀 등 생필품을 하나씩 사들였습니다. 생리대가 온 날이 생생하게 기억납니다.

추운 겨울밤 퇴근하는데 커다란 상자가 현관 앞에 떡하니 놓여 있었습니다. 현관문을 가로막을 정도로 컸습니다. 모니터 화면으로 볼 때보다 물건이 훨씬 컸습니다. 택배 상자를 열어 생리대를 정리해 넣는데 어찌나 많은지 서랍 여러 곳을 채운 뒤에도 서랍장 위에 차곡차곡 쌓아야 했습니다.

1년 치 생리대가 안겨준 우울한 질문

'나 이거 다 쓸 수 있을까? 이러다 갑자기 생리가 끊기면 어쩌지? 요즘 40대에 조기 완경'하는 여자들도 많다던데, 아기도 못 낳아봤는데, 하나는 낳아보고 싶다. 아, 엄마는 진짜 해보고 싶은데……' 물밀듯 생각들이 밀려왔습니다. 갑자기 우울해지나 싶더니 눈물까지 핑 돌았습니다.

얼마 뒤 한 살 많은 언니에게 전화를 걸어 이날 받은 느낌을 폭풍 수다로 쏟아냈습니다.

"언니, 글쎄 1년 치 생리대가 양이 어찌나 많던지, 다 쓸 수 있을까 싶고, 생리하는 동안 아기는 낳고 싶다는 생각이 밀려오면서 너무 슬퍼졌어. 어떻게 하면 낳을 수 있지? 결혼 안 하면 애기 못 낳나 싶고, 아무튼 너무 우울했어."

그러다 다시 울컥했습니다. 더한 말을 들었거든요.

"그 기분 뭔지 알 것 같아. 그러게, 너 아기 좋아해서 잘 키울 텐데. 암튼 나도 그래, 원래 생리 주기가 정확했는데 주기가 변하고, 양도 느낄 정도로 달라지더라고. 그래서 병원 갔더니 이렇게 조금씩 변화가 오면서 폐경한다더라. 기분이 이상하더라구. 그리고 자궁 있는 여자라 그런지 결혼은 안 하더라도 아기는 원할 수 있다고 생각해. 동물적 본능처럼."

"맞아, 언니. 애를 어떻게 키울지는 잘 모르겠는데, 친구들이나 올케가 아기 낳아서 키우는 거 보면 여자가 하는 일 중에 가장 위대하고 대단한 일 같아. 사람이 사람을 만들다니 에일리언 같다고 생각하기도 했는데, 아무튼 사람이 사람을 만든다는 건 거의 하나님 같은 능력인 거잖아. 진짜 대단한

• '폐경' 대신 '완경(完經)'을 씁시다. '완'은 '완전하게 하다, 지키다, 다스리다'는 뜻을 담고 있으며, 둥근 모양을 상징합니다. 여성성이 갖는 본래의 성격을 담은 말로, 생명을 창조하는 임무를 '완수'하느라 고생한 몸을 쉬게 하라는 뜻도 있습니다. 폐경은 여성이 해야 할 가장 중요한 임무가 애 낳고 키우기라는 시각이 반영된 말로, 가임 기간이 끝났다는 상실의 의미를 담은 부정적 표현입니다.

능력 같아. 예전에 미경 샘이 가장 만족스러운 순간 하면 딱 떠오르는 게 아기를 안고 젖 먹이는 때라는 거야. 그 순간이 참 만족스러웠다고. 엄마들만 느낄 수 있는 그 느낌, 뭔지 잘 모르지만 조카가 엄마 젖 물고, 손가락 꼭 부여잡고, 눈 맞추고 할 때 참 보기 좋아."

네, 그렇습니다. 아직 결혼은 안 했지만 자궁을 가진 동물이라서 아기가 정말 갖고 싶어졌습니다. 물론 압니다. 여자 혼자 아이 낳아 키우는 일이 결코 만만하지 않다는 걸. 그런데도 결혼하지 못하거나 안 한 여자가 참 많은 요즘, 혼자 살아도 아이 낳고 키울 수 있는 여건을 사회가 함께 만들어주면 참 좋겠다 싶습니다. 결혼 안 하고 혼자 사는 여자 친구들 사이에서 결혼은 잘 모르겠는데 아이는 하나 낳아보고 싶다는 말을 심심찮게 듣거든요. 저도 그런 여자입니다.

언니는 하고 싶지 않아?

오늘 따라 이 여자가 왜 갑자기 애 타령이야 하시겠지만, 여기서 더 나가보고 싶네요. 제 또래 친구 하나는 아이 아빠로 괜찮다 싶은 사람을 만났습니다. 친구는 임신하기 좋은 날 아이 가질 계획을 합니다. 마침 임신이 됐고, 그 뒤 제 친구는 남자 친구하고 헤어집니다. 그 친구는 혼자 열 달 동안 아기를 품고 있다가 혼자 출산해서 혼자 아이를 키웁니다. 아기가 태어난 지 100일쯤 지난 뒤에 그 친구 집으로 찾아갔습니다.

"진짜 아기가 생겼네? 기분은 어때? 애기 아빠는 몰라?"

"어, 생물학적으로는 아빠지만 알리고 싶지는 않아. 아직 몰라."

"어때?"

"지금까지 내가 한 모든 일 중에 가장 잘한 일 같아. 정말 예뻐. 바다 깊은 곳에서 빛을 보고 올라오다 뭔가를 잡고 수면 밖으로 나온 느낌이랄까? 뭔지 모르겠지만 만족스러워."

"가족들은?"

"아직 모르셔."

영화나 드라마 속 이야기 같지만 실제 상황입니다. 결혼은 하기 싫은데 아이는 낳고 싶다는 말을 실천으로 옮긴 친구가 막 좋겠다는 생각은 들지 않지만 아이 낳아 키우려는 마음은 이해됩니다. 서로 다른 인생길을 살다보니 연락이 끊겼지만, 그런 무모함과 용기가 없는 저는 무엇으로도 끊을 수 없는 사랑스런 아이와 가족으로 살아가고 있을 친구가 살짝 부럽습니다. 지금쯤 아이는 초등학교에 다니겠네요. 그때 사고를 친 친구는 가족이 생겼고, 저는 여전히 혼자입니다.

여기서 '사고 친다'는 혼전 임신을 말할 뿐 아니라 미혼 남녀가 관계를 맺는다는 뜻도 담고 있습니다. 성모 마리아가 아닌 저는 당연히 거기부터 시작해야 아이를 가질 수 있는 아주 평범한 여자입니다. 교회 다니는 비혼 싱글녀로 사는 일은 무척 힘듭니다. 남자도 그렇기는 하겠죠. 사실 아이를 갖고 안 갖고의 문제에 앞서 필수 단계인 섹스부터 죄책감이라는 벽에 막혀 옴짝달싹할 수 없습니다. 이럴 때는 성모 마리아라도 돼서 아기를 가질 수 있으면 참 좋겠습니다.

하루는 맥주 한잔하는데 올케가 제게 뜬금없이 묻습니다.

"언니, 결혼한 나도 가끔은 잠자리를 갖고 싶어서 남편이랑 하는데, 혼자 사는 언니는 하고 싶지 않아?"

"야, 왜 안 하고 싶겠냐? 하고 싶다, 하고 싶어. 그래서 나 기도하잖아. '아, 주님, 저도 남자랑 자고 싶어요. 잘 때 누가 옆에 있으면 좋겠어요.' 그러고는 물어봐. 잘 수 있는 사람 생기면 자도 되는지. 암튼 요즘은 잠자리에 누웠다가 그런 생각이 들 때가 있거든. 너무 외롭다, 이 지구에 나 혼자 있는 것 같다, 주님 저 뽀뽀도 하고 섹스도 하고 싶어요. 근데 결혼을 못하고 있어서 이런 기도만 하지."

"그럼 그냥 편하게 사귀는 사람이랑 자면 안 되나?"

"에효, 내가 겉보기나 말하는 거랑 좀 다르게 보수적이잖아. 그게 그렇게 쉬운 문제가 아니야. 죄책감 때문에."

"언니, 힘들겠다. 좀 편하게 살아. 유부남 만나는 것도 아니고 뭐가 문제야. 사랑하는 사람들끼리 잘 수도 있는 거 아냐?"

성욕은 '형제들'만의 문제?

시누이와 올케 사이에 이런 대화가 가능하냐면서 놀랄까봐 염려가 되네요. 어디 여자만의 문제겠습니까? 여자든 남자든 결혼 안 하고 혼자 사는 사람, 심지어 기독교인이라면 누구나 겪게 되는 어려움이 아닐까요.

저를 바보로 보는 친구들도 있습니다. 다들 다양한 모습으로 살아갑니다. 오랜 시간 동거하거나, 서로 편하게 알고 지내다가 결혼하고 애 낳아 사는 친구도 있습니다. 동성 애인하고 함께 사랑하고 의지하며 살아가는 친구도 있고요. 모두 부러움의 대상입니다. 적어도 저처럼 혼자 방바닥 긁고 있지는 않으니까요. 사람이랑 눈 맞추고 입 맞추고 대화하고 살 부비면서 살고 싶은 마음은 밥 먹고 잠자고 싶은 욕구만큼이나 삶의 기본이 아닌가요?

저는 교회를 다니니까 한계가 좀 있습니다. 신앙을 가진 사람을 만나고 싶고, 신실했으면 좋겠고(그 기준은 뭘까요?), 아무튼 성격도 좋고, 대화도 통하고, 결혼 전까지는 순결도 지켜줄 사람을 원하는 어떤 욕심이 있습니다.

교회 안에서 갖게 된 요상한 욕심과 동물적이고 자연스런 몸이 지닌 욕망은 처음부터 갈등 관계였습니다. 철없는 20대를 지나, 지친 30대를 넘어, 이제는 돌싱도 어느 정도 받아들일 수 있는 40대가 될 때까지 교회 안 규율을 지키고 싶은 욕심과 몸의 욕망 사이에 놓인 간극은 점점 커지는 듯합니다. 그래서 더 지쳐갑니다. '에효, 됐다 됐어. 유학 보내준다던 수녀원에나 진작 들어갈걸.' 이런 생각이 들 지경입니다.

이쯤 되면 결혼한 사람들은 말합니다. 눈을 낮춰, 혼자 사는 것도 괜찮아, 같이 살아도 외로워 등. 그렇게 말하는 분은 눈을 낮춰 결혼하셨나요, 정말? 혼자 사는 삶도 괜찮다는 말은 혼자 살아보지도 않고 어떻게 할 수 있는지 궁금합니다. 같이 살아도 외롭다고요? 혼자 살면 얼마나 외로운지 몰라서 하는 말입니다. 텔레비전은 왜 틀어놓는 줄 아세요? 사람 목소리가 그립거든요. 저만 더 그런지 모르지만 여자들도 남자들만큼 섹스하고 싶답니다. 밥 먹기나 잠자기 같은 인간의 기본 욕구니까요. 이런 여자들의 욕구를 잘 모르는 건지, 잘 알려지지 않아서 당연히 모르는 건지, 아니면 알지만 인정하고 싶지 않은 건지, 정말 궁금합니다.

청년부 목사님이 설교 시간에 뭔가 대단한 나눔을 하는 듯이 무게를 잡고 얘기했습니다.

"중고등학교 때 찬양 인도가 너무 힘든 때가 있었습니다. 자위행위를 한 다음 날이면 죄책감으로 마음이 무거웠습니다. 형제님들 그런 경험이 있으신가요? 그 일이 죄책감을 느낄 문제는 아닌 것 같습니다. 그렇지만 일부러 야동을 찾아서 보거나 하면 안 되겠죠."

그때 저는 손 번쩍 들고 묻고 싶었습니다.

"목사님, 왜 '형제들'한테만 물어보세요? 자매들은 그런 게 없을까 봐요?"

묻고 싶었지만, 상상으로 묻고 말았습니다.

대학원 다닐 때는 복지 정책 관련 수업에서 남성 장애인들이 성욕을 해소할 수 있게 장애인 전문 성매매 여성을 국가가 관리하고 비용도 지급하는 네덜란드 사례를 다룬 적이 있습니다. 그때도 저는 질문이 생겼습니다.

"교수님, 그럼 여성 장애인들은요?"

"어……, 그건 모르겠는데요. ……그런데 거기까지는 생각 못 해봤네요."

"여성 장애인들도 성욕은 있을 거 아니에요. 똑같이 해결해 줘야 하는 거 아닐까요?"

교수는 귀까지 빨개졌습니다. 영국에서 오랫동안 공부한 진보적 성향을 띤 젊은 남자 교수도 여성 장애인에게 성욕이 있다고 생각하지는 못한 모양이죠. 느끼고 표현하는 방식에서 차이는 있지만 사람은 누구나 성적 욕망을 지닌다고 생각합니다. 남녀 성욕을 보는 관점의 차이가 교회 안에만 있는 현상은 아니었습니다.

혼자 잠들면서 드리는 기도

오늘도 잠자리에 누워 기도하고 자야겠습니다. 만물이 소생하는 봄이라 그런지 더욱 간절합니다.

"주님, 저요, 뽀뽀도 하고 싶고, 키스도 하고 싶고, 팔베개도 하고 싶고, 섹스도 하고 싶고, 엄마도 되고 싶어요. 결혼을 허락하시면 좋겠지만, 하나님의 수많은 귀한 아들들 중에 하나 주실 게 아니라면 제 이런 기본 욕구라도 좀 해소할 수 있게 해주세요. 예수님의 이름으로 기도드립니다. 아멘."

당장 같이 잘 남자도 없는데 이런 기도를 드리니, 이런 저를 보고 계실 하나님은 어떤 표정일까 궁금합니다.

월급 없이도 꿈꾸는 삶이
가능할까요?

새벽 6시, 눈이 딱 떠졌습니다. 깜깜하고, 쌀쌀했습니다. 어제만 해도 나를 놔주지 않던 이불이 힘을 뺐고, 창밖에서 '추운 건 무서운 거야'고 외치던 바람이 오늘따라 조용합니다. 퍼뜩 일어나 옷 갈아입고 집을 나섭니다. 집 앞 동네 교회 새벽 예배에 갔습니다.

'하나님, 아시죠? 저 공부하고 싶어서 어제부로 회사 그만뒀어요. 그런데 어떻게 먹고살죠? 하나님, 저 믿음 없는 거 아시죠? 어떻게든 되겠지 하고 믿어버리기에는 매달 내야 하는 월세가 야속해요. 직장 안 다녀도 건강보험료는 계속 내야 한다면서요? 아, 진짜 몰랐어요. 한두 푼이 아니던데…… 왜 이렇게 돈 낼 게 많아요? 영어 학원은 어떻게 다녀요? 유학 갈 준비는 어떻게 하죠? 저 의지력 약한 것도 아시죠? 아, 저 좀 불쌍히 여겨주세요. 돈 걱정이 벌써부터 시작되니까 어떻게 해야 할지 모르겠어요. 걱정보다 믿음을 주세요.'

기도인지 푸념인지 알 수 없는 말을 잔뜩 쏟아내고 집에 왔습니다. 추워서 다시 이불을 파고들어 한숨 더 자려는데 짧은 악몽을 꿨습니다. 정확히 기억나지는 않지만 돈이 없어 허덕이는 꿈이었습니다. 아, 정말 싫었습니다. 당장 굶어 죽을 상황도 아니고, 뭐라도 하면 입에 풀칠할 수는 있을 텐데 왜 이러나 싶어 서글퍼집니다. 꿈이 있어 공부를 하기로 했고, 2년 정도 벼르고 별러 직장을 정리했는데, 사직서가 수리되자마자 간이 쪼그라드니 말입니다.

하나님이 아저씨로, 찬양이 노래로

백수 된 첫날, 불안에 떠는 새벽 기도를 하고 하루 종일 생각이 많았습니다. 직장을 정리하면서 가장 아쉬운 일이 뭐냐고 물으신다면 단언컨대 월급이었습니다. 동료들이야 친구로 남지만, 일이야 이제 쉬어서 좋지만, 월급은 금세 금단 증상이 나타나니 말입니다. 대한민국 샐러리맨이면 많이들 '월급 중독' 아닐까요? 아무튼 저는 심한 금단 증상을 겪게 됐습니다.

월급이 끊기는 현실 때문에 생긴 불안 증상은 백수 되기 한 달 전부터 시작됐습니다. 난생처음 가계부를 쓰기 시작했고, 장보기도 확 줄었습니다. 과일은 사치야, 김치는 됐고, 저건 먹으면 살쪄, 하루에 한 끼만 잘 먹으면 된대, 1일 1식 몰라? 부족한 건 예전에 사둔 영양제로 채워……. 이렇게 혼잣말을 하면서 그 좋아하는 과일과 김치도 못 사고 장바구니가 헐렁해졌습니다. 보일러는 최하 온도로 맞추고 잠깐씩 전기 히터를 켜면서 난방비를 한푼이라도 줄이려 안간힘을 썼습니다.

한겨울에 회사를 그만둔 적이 있는 후배가 제게 해준 충고 한마디가 생각났습니다.

"절대 겨울에 그만두면 안 돼요. 난방 요금이 장난 아니니까 겨울은 지내고 나와야지."

그 말 들을걸, 무슨 의리파 나셨다고 추운 12월에 깔끔하게 정리하고 나왔는지. 꼭 이럴 때는 공공요금도 겁나게 뛰어오릅니다. 몸도 마음도 더 추워지기만 합니다. 아직도 겨울은 한참 남았는데, 걱정입니다. 월세 내는 날은 주세인가 싶을 만큼 빠르게 닥쳐옵니다. 왜 이렇게 내야 하는 돈이 많은지 허리가 휠 지경입니다. 전기 요금, 수도 요금, 휴대폰 요금, 교통비, 학원비, 식비가 다 저를 물고 늘어지는 듯합니다.

기도는 기도대로 하면서, 할 수 있는 노력은 다 해보자 싶어졌습니다. 휴대폰에 알바 앱을 깔았습니다. 공부 시작한다고 월급 중독 끊어놓고는 더 독한 '시급 중독'에 걸릴 판입니다. 자려고 누워서 늦은 밤까지 아르바이트할 곳을 찾고 있는 제 모습은 정말 못 봐주겠습니다. 깜깜한 방에서 반짝이는 휴대폰 불빛과 널브러진 저, 끔찍했습니다. 그렇게 한 달 정도를 지내니 감기몸살이 된통 걸렸습니다. 미련했죠. 안 먹고, 추운 데서 덜덜 떨고, 잠도 잘 못자니 이렇게 됐죠. 저 들으라고 한마디했습니다.

"바보, 바보."

이럴 때 보면 '아버지 하나님'을 향한 믿음은 그저 '아저씨 하나님'을 향한 믿음인가 싶고, '주는 나를 기르시는 목자요,

나는 주님의 귀한 어린 양 푸른 풀밭 맑은 시냇물가로 나를 늘 인도하여 주시네'라는 제가 가장 좋아하는 찬송가 구절은 평범한 노랫말이 됩니다.

꿈을 현실로 살아보려는 시도, 월급쟁이들은 감히 하면 안 되는 짓일까요? 쌓아놓은 재산 없고 거지같은 인간을 육신의 아버지로 둔 저 같은 사람은 꿈꾸면 안 되나요? 하나님이 내 유일한 아버지이고, 그런 분이 온 우주와 이 지구를 지으셨다면 대한민국도 지으셨을 테고, 만물이 모두 다 하나님 것일 텐데 왜 이렇게 믿음직스런 느낌이 안 드는 걸까요? 이런 사람은 꿈을 꿀 수 없을까요?

어린애 같은 꿈 타령일지도

이런 고민이 저 혼자만의 문제가 아니라는 사실을 알게 해 준 후배가 있습니다. 잠깐 그 후배 이야기를 들어볼까요?

이제 막 서른 살이 된, 꿈 많고 하고 싶은 일도 많은 여자 후배가 있습니다. 그 친구는 아주 어릴 적 집안 사정이 힘들어지면서 초등학교도 제대로 다니지 못하고 집안 살림을 도맡아 했답니다. 어떻게 21세기에 그런 사람이 있나 싶지만, 분명히 지금 우리 주변에서 벌어지고 있는 일이랍니다. 그래도 그 친구는 비뚤어진 적 한 번 없이 부모님 돕고 동생 챙기며 살았습니다. 지금도 가족들 부양하느라 자기가 하고 싶은 일들은 늘 뒷전입니다. 가끔 저를 만나면 부럽다고 말합니다. 하고 싶

은 일도 있고 꿈꾸는 일도 있지만 그런 삶을 살기에는 후배의
어깨를 짓누르는 현실이 너무 무거워 보입니다.

"언니는 참 자유로워 보여요. 어떻게 하고 싶은 것들을 그
렇게 마음대로 하세요?"

그 친구가 직장 다니는 이야기를 할 때면 듣는 제가 답답
해져서 탈출하게 도와주고 싶어집니다. 그 직장은 월급이 정
말 적거든요. 월차와 연차 따위는 밥 말아먹었고, 휴일은 주
말, 설날, 추석뿐이랍니다. 법정 근무 시간을 훌쩍 넘기는 근
무 조건까지 아주 최악이었습니다. 그런데도 그 친구는 그곳
을 벗어나지 못하고 있습니다. 꿈을 향해 달려가고 싶은 생각
은 마음속에 고이 숨겨두고, 몸은 늘 그 지옥 같은 직장에 매
어 있어야 합니다. 거기다 주말에는 아르바이트도 합니다. 한
푼이라도 더 벌어야 한다고요. 매달 그 친구가 벌어오는 돈을
기다리는 많은 가족들 때문이겠죠.

저보다 작고 마른 그 친구가 안쓰럽고 안타깝습니다. 돈을
꼭 벌어야 하는 부담은 저보다 더해 보입니다. 그런데도 그 친
구는 늘 밝고, 순수합니다. 욕심도 없습니다. 만날 때면 헤헤
거리며 웃는 모습이 딱 여고생 같습니다.

그 친구를 보면 마음속으로 묻게 됩니다. '하나님 저 친구
는 꿈꾸면 안 되나요? 아니 꿈꾸는 삶을 살아보면 안 되는 건
가요?' 우리는 보고 싶은 영화를 보고, 대형 서점에서 읽고 싶
은 책도 찾아보고, 맛있는 음식도 먹었습니다. 그날만큼이라
도 그 친구가 힘든 일상에서 벗어날 수 있으면 좋다고 생각했

습니다. 그러나 이런 만남이 그 친구에게 무엇을 줄 수 있을지 의문이 남기는 합니다. 잠깐 허락되는 달콤한 시간이 진정한 위로가 되는지 의심이 드는 겁니다. 다음에 만나면 물어봐야 겠습니다.

그 친구를 처음 만난 곳은 북 콘서트였습니다. 너무 수줍게 책을 내밀면서 제게 사인을 해달라고 했습니다.

"잘 읽었어요. 저는 그런 일은 없었지만, 그냥 힘이 됐어요. 그래서 직접 뵙고 싶었어요. 친구들한테도 이 책을 얼마나 많이 소개했는지 몰라요."

그렇게 시작된 인연입니다. 그 친구를 만나, 그 친구의 삶을 듣고 또 들으면서 안쓰러움에 더해 정이 쌓인 거죠. 오랜만에 그 친구를 만났습니다. 회사를 정리한 뒤 처음 만나는 자리였습니다.

"우와, 진짜 회사를 정리했어요? 직장인들은 그러고 싶어도 당장 다음달은 어떻게 사나 싶어서 못 그만두잖아요. 진짜 대단하세요."

"아, 저도 적당히 발 담그고도 시작할 수 있는 능력이 됐다면 그렇게 했겠죠. 근데 그게 잘 안 돼서요. 이러다 보면 정말 매달 월급 받느라 내가 정말 하고 싶은 걸 못하겠구나 싶었어요. 죽기 전에 꼭 하고 싶은 게 뭔가 일단 물어봤어요. 책을 낼 때도 딱 이 심정이었거든요. 죽기 전에 꼭 할 거면 하자 싶은…… 유학도 그래요. 말만 공부하고 싶어, 가보고 싶어 이러면 말만 계속 하다 말겠더라구요. 그래서 확 발을 뺐죠."

지금 다시 생각하니 재수 없어 보이네요, 제 말투. 그 친구가 짊어진 삶의 무게를 전혀 가늠하지 못한 어린애 같은 꿈 타령일지도 모릅니다. 누군가의 삶을 책임지고 살아가는 삶은 이미 꿈을 이루며 사는 삶일지도 모릅니다. 그런데 저는 그 친구가 오롯이 자기 자신만을 위하는 삶을 사는 때가 좀 허락되면 좋겠습니다. 아무튼 제 새로운 출발을 지켜보고 있는 그 친구 앞에 희망을 보여주고 싶어서 용기를 내기로 했습니다.

꿈꾸는 삶을 살 수 있을까요?

'에효, 됐다.' 일단 보일러 온도부터 높였습니다. 어릴 적 외할머니 품이 생각날 정도로 방바닥이 따뜻해졌습니다. 집 앞 시장에서 먹고 싶던 김치도 종류별로 샀습니다. 파김치, 열무김치, 배추김치 한 젓가락씩 먹고 나니 입이 다 개운합니다. 귤도 한 봉지 사와서 마음껏 먹었습니다. 가계부에 지출 항목만 계속 정리하다가 또다시 이래도 되나 슬그머니 걱정이 고개를 쳐들지만 살짝 눌러줍니다. 일단 감기를 떨어뜨리기 전까지는 마음껏 먹고 따뜻하게 푹 쉬자는 마음을 먹었습니다. 잠을 방해하면서 유혹하던 알바 앱도 지웠습니다. 일단 학원 과제나 열심히 하자고 제 자신을 다잡습니다. 자꾸 움츠러들려는 꿈의 날개를 활짝 펼치라고, 괜찮다고, 다 괜찮다고 혼잣말을 해봅니다.

꼼지락꼼지락 혼자 고군분투하는 제 모습이 안쓰러워 보

이는지 외부에서 지원 사격이 들어왔습니다. 감기가 안 낫고 계속되니까 친구가 병문안을 왔습니다. 팥죽이랑 치킨이랑 한 가득 사들고 말입니다. 치킨이 어찌나 반갑던지요. 친구는 이런저런 이야기를 하다가 대뜸 말합니다.

"그럼 나한테 들어오는 성폭력 예방이나 상담 관련 강의를 너한테 넘길까? 너무 많이 들어와서 다 가지 못하는데. 아, 오늘도 하나 못 간다고 했는데, 다음부터 그런 거 있으면 연결해줄게. 내가 강의 좀 잘해서 많이 들어오거든, 하하하. 나 프리랜서로 5년 됐잖아. 계속 대학원, 박사 과정 하면서도 강의 꾸준히 들어와서 지금까지 잘 살았잖아. 너무 걱정하지 마."

심지어 하나님 안 믿는 친구를 통해서도 걱정하지 말라고 위로의 말씀을 해주시다니. 강의 의뢰가 들어오지도 않은 지금도 벌써 배가 부릅니다. 인내의 세월을 먹고 들어온다는 쥐꼬리 인세도 진짜 부끄러워하며 통장에 들어왔습니다. 어찌나 고맙던지요. 그다음에는 잡지사에서 연락이 왔습니다. 적지만 원고료를 보내준다는 소식이었죠. 또 며칠이 지나니까 방송국에서 보낸 출연료가 입금됐습니다. 티끌 모아 언덕입니다. 그런 게 있는지 잘 몰랐네 싶은 돈들이 모여 이번 달은 감기 나을 때까지 먹고살 만합니다.

월급을 끊고 살아본 첫 달의 시작은 심히 미약합니다. 과연 월급 중독을 끊어도 잘살아갈 수 있을지 아주 흥미진진합니다. 든든한 스펙도 없고, 재력 빵빵한 조부모님도 정년퇴직 안 한 부모님도 안 계시지만, 간절하게 원하는 꿈이 있다면!

꿈의 무게는
나이들수록 가벼워질까요?

못 먹으면 못 싸듯, 못 읽으면 못 쓰는 모양입니다. 죄송합니다. 너무 없어 보이거나 지저분하게 들린다면, 사과드립니다. 지금 제 상태가 정확히 이렇습니다. 지난달에는 원고를 쓰지 못했습니다. 연재는 사람들이 읽든 안 읽든 꾸준히 글을 쓰겠다는 약속인데 말입니다. 제가 쓴 글을 관심 있게 읽는다는 분들이 생각났습니다. 글쓰기가 참 어렵다는 변명을 좀 늘어놓고, 오늘 이야기를 시작하겠습니다.

저처럼 글쓰기 실력이 얕은 사람은 끊임없이 다른 사람이 쓴 글을 읽고 고민하는 주제를 오래 끌어안아야 겨우 글을 쓸 수 있습니다. 영어 공부를 시작한 뒤에는 글쓰기가 더 어려워졌습니다. 단순하게 단어 암기하고, 구문 외우고, 독해하고, 듣고, 시험 못 보면 좌절하고, 새벽까지 숙제하기를 반복하느라 책을 읽지 못한 지 한참 됐거든요. 이런 와중에도 책상 위에 당당하게 《팡세》를 올려두고 읽는 학원 친구를 본 적도 있지만, 제게는 그런 여유가 생기지 않네요.

다른 이들을 많이 만나 이야기를 듣고 떠오르는 질문을 글로 써보고 싶었는데, 요즘은 통 사람을 만나지 못했습니다. 쉬는 날이면 집에 콕 박혀 잠만 자고 싶어집니다. 수험생처럼 단순하게 사는 제 한계를 너그러이 이해해주시기를 바랄 뿐입니다. 오늘은 정말 궁금한 이야기를 여러분에게 묻고 싶습니다.

몇 살인데 공부하세요?

"언니는 진짜 열심히 하시는 거 같아요. 앞으로 뭐하시려고요?"

"누나는 뭘 하고 싶어서 공부하세요?"

영어 학원에서 함께 공부하는 동생들이 자주 물어옵니다. 자기들끼리는 당연한 듯 잘 묻지 않는데 유독 왜 제 꿈은 궁금해할까요? 뒤따르는 질문을 들으면 이유를 알 수 있습니다.

"언니는 몇 살이세요?"

"누나, 정말 몇 살이에요?"

왜 다들 제 나이를 궁금해하는지 제가 더 궁금합니다. 나이가 많아 보이는데 왜 청소년과 대학생들 틈에서 공부하나 궁금한 걸까요? 어떤 고등학생은 하도 궁금해서 나이를 알려주니 자기 엄마랑 비슷하다며 신기해합니다. 그 엄마는 이제 무슨 꿈같은 건 없는 듯하고 집에서 편하게 놀고먹는데 언니는 그렇지 않아서 멋지다고 말합니다. 뭐라고 표현할 수 없는 서글픔이 밀려왔습니다. 속으로는 솔직하게 말합니다.

'아가야, 사실 이 언니는 그런 사람처럼 살고 싶은데 그렇게

하지 못해서 아등바등 살고 있는지도 몰라.'

아이들이 생각하는 40대는 가정과 사회에서 꿈을 이루거나, 뭐 굳이 꿈을 이루지 못하더라도 적당한 자리를 차지하고 안정되게 살아가는 나이니까요. 원래 이런저런 계산 없이 해보고 싶은 일에 도전하는 중인데, 다들 나이가 든 제가 하는 도전에 지나칠 정도로 관심을 가지니 참 부담스러워졌습니다. 그래서 언제부터 나이를 묻는 말에 이렇게 대답합니다.

"누나가 차라리 몸무게를 얘기해줄게."

이 어린 친구들이 20대 중반만 돼도 하는 말이 달라집니다.

"나 나이 완전 많은데! 빨리 끝내야지, 지금도 엄청 늦었어."

그런 모습을 볼 때면 묻고 싶어진다니까요.

"꿈은 뭔 꿈, 이 나이에는 관이라도 준비해둬야 할까?"

문득 궁금해졌습니다. 도대체 꿈은 몇 살까지 꿔야 하고, 공부는 몇 살까지 해도 괜찮은 걸까요? 나이들어 공부하면 아까운 걸까요? 일흔 살 넘은 할머니가 열심히 한글을 배우는 모습을 보면서 도전 의식을 자극받기도 했는데, 저도 모르게 질문이 꼬리에 꼬리를 물고 이어졌습니다. 나 지금 뻘짓 하나? 돈 낭비에 시간 낭비면 어쩌지? 매주 만나는 상담 선생님도 볼 때마다 묻는 바람에 고민이 점점 깊어졌습니다. 직장까지 그만두고 벌어놓은 쥐꼬리 월급을 매달 조금씩 파먹고 있으니 염려되는 모양입니다.

저도 걱정은 됩니다. 그렇지만 상담 선생님만큼 걱정하지는 않고, 주변 사람들이 생각하는 만큼 나이들어 공부하는 모습이 이상하게 여겨지지는 않습니다. 아깝지도 않고요. 미래를 위해 어떤 식으로든 가치 있고 소중한 시간이 되기를 바랄 뿐입니다. 가만 생각하면 공부를 하고 싶어도 하지 못한 어린 시절에 관한 보상 심리 때문인 듯도 합니다. 그렇다면 더욱더 하고 싶은 만큼 하도록 제 자신을 놔두고 싶습니다. 인생이 길지도 않고, 누구한테 피해를 주는 일도 않는데, 굳이 남들이 하지 않는 짓이니 나도 하지 말자면서 제 앞을 막아서지 않으려 합니다.

그래도 혼자 사는 세상이 아니니까 이리저리 고민하면서 언제까지 하고 싶은 공부를 하고 꿈이라는 걸 꾸면서 살아도 되는지 질문해봤습니다. 질문하면서 이미 대답을 갖고 있는 사람도 많다던데, 저는 그렇지 못할 때가 많아 이 책 저 책 뒤지고 이 글 저 글 기웃거립니다. 이 사람 저 사람 붙잡고 이야기 나누면서 답을 찾아가기도 합니다.

저울 위에 올리는 나이와 꿈의 무게

대답의 실마리가 될 만한 문구를 발견했습니다. 어느 미래학자가 쓴 글이었습니다.

테드 고든은 미래학자가 최종 결정할 때 6가지를 고려해야 한다고 설명했다. 그는 '모든 선택이 옳기 때문에 결정도 어렵다'며, '그래도 선택의 기준은 있다'고 말했다. 해가 없을 것, 공평할 것,

고통을 완화할 것, 인류의 생존을 보호할 것, 미래세대를 고려할 것, 마지막으로 당신이 대우받기 원하는 것처럼 남을 대우하는 태도로 결정할 것 등이다. (박성원, 〈미래를 안 바꾸면 원치 않는 미래가 달려온다〉, 《신동아》 2009년 2월호)

이 여섯 가지를 저한테 적용해보기로 했습니다. 지금 하는 선택들이 미래에 미칠 영향을 개인으로서, 사회적 존재로서 살펴보고 싶었거든요. 미래학이 계속 발전하고 성장하지 못하면 도태될지 모른다는 두려움을 강요하기도 하지만 과학 소설이나 영화를 좋아하는 제 성향에 잘 맞는다는 생각도 들어서, 일단 적용해보기로 했습니다.

하나, 해가 없는가? 아직은 다른 이들에게 딱히 해를 끼치지 않고 있습니다. 그럼 제 자신에게는 해를 끼치는 걸까요? 새벽부터 밤늦은 시간까지 수험생처럼 책상 앞에 앉아 있으니 비정상일지도 모르지만, 지금처럼 공부할 기회가 없었으니까 한 번쯤 이렇게 살아도 좋다고 생각합니다.

둘, 공평한가? 공평한지 불공평한지 비교할 대상이 얼른 떠오르지 않습니다.

셋, 고통을 완화하는가? 공부하고 싶지만 할 수 없던 순간들이 떠올랐습니다. 숙제한다고 때리고, 공부한다고 때리고, 공부하지 못하게 하겠다고 협박하던 아빠라는 사람의 목소리가 준 고통을 완화하는 효과가 공부에는 분명 있습니다. 잘하든 못하든 하다보면 질릴 때가 오겠죠. 그때까지는 공부하려고요. 이 과정을 거쳐 언젠가는 저하고 비슷한 상처를 가진 친구들의 고통을 덜어주는 데 아주 조금이라도 도움이 되는 삶을 살고 싶네요.

넷, 인류의 생존을 보호하는가? 환경운동을 하면서 참 많이 생각하고 고민한 문제였습니다. 쓰레기를 버리거나 물을 막 쓰는 내 작은 행동이 인류의 생존에 어떤 영향을 미칠까? 말은 거창하지만, 네버 엔딩으로 태어나 꼬물꼬물 자라는 조카들을 보면(제 둘째 올케는 다섯째를 갖고도 막내라고 부르지 않습니다), 저 어린 것들이 살아갈 만한 세상을 물려줘야겠다고 생각하게 됩니다.

다섯, 미래 세대를 고려하는가? 이 질문은 넷째 질문에 함께 묶어도 될 듯하지만, 한편으로는 제 몸을 빌려 이 세상에 올지도 모를 미래 세대를 생각해봤습니다. 연애를 해야 결혼도 하고 애도 낳고 할 텐데, 이렇게 공부만 하다가 개인적으로 고려해야 할 미래 세대를 못 만날게 될지도 모른다는 생각을 하니 쓸쓸하네요. 그런데 아직 못 만난 그 아이에게 부끄럽지 않기 위해, 그네들이 조금은 더 살기 좋은 세상이 되기를 바라면서 공부도 하는 겁니다. 그러니까 제가 돌봐야 하는 미래 세대가 생길지 안 생길지는 아직 몰라도, 고려는 충분히 하고 있습니다.

여섯, 당신이 대우받기 원하듯 남을 대우하는 태도로 결정하는가? 네, 완전 그렇습니다. 유독 한국 사람들은 상대방 나이를 궁금해합니다. 이름 다음으로 나이를 알고 싶어한다고 느낄 정도입니다. 사실, 나이가 그냥 숫자는 아닌 듯합니다. 영어 단어 외우는 시간도 더 걸리고 체력도 몹시 딸리거든요.

저울 위에 한번 올려보면 어떨까요? 나이라는 숫자와 내가 이루고 싶은 꿈을.

소도둑 대
바늘 도둑?

지난 토요일, 현금 자동 입출금기ATM에서 현금을 찾을 때였습니다. 카드를 넣으려는데 삐삐거리는 소리를 내면서 제 카드를 받아주지 않았습니다. 자세히 살펴보니 기계 안에 누군가 가져가지 않은 현금 2만 원이 들어 있더군요. 저는 급한 마음에 돈을 꺼내 옆에 두고 다시 카드를 넣었습니다. 평소대로 2만 원을 뽑으려던 저는 그만 옆에 치워둔 2만 원에 눈길을 주고 말았습니다.

'계속 주인도 안 오고, 저기다 그냥 두면 나 말고 누군가가 가져가겠지?' 어차피 그렇게 된다면 맨 처음 본 제가 저 돈의 임자가 아닐까 싶었습니다. 돈 찾기를 멈춘 저는 누군가가 잃어버린 2만 원을 주머니에 챙겨 넣고 기분 좋게 에이티엠을 떠났습니다. 괜히 오늘 수고했다면서 하나님이 용돈을 주신 듯도 하고, 저녁때 동생이랑 오랜만에 데이트하는데 맛있는 간식이라도 사줄 수 있겠다 싶으니까 기분이 좋았습니다.

점유 이탈 횡령죄

저녁때가 돼 함께 사는 동생을 만났습니다. 만날 보는 사이여도 밖에서 보니 또 달랐습니다. 맛있는 음식을 사 먹으러 갔습니다.

"오늘 간식은 내가 쏜다. 나 오늘 2만 원 주웠거든."

"어, 그래요? 그럼, 사줘요. 근데 어디서 주웠어요?"

"에이티엠에서 돈 찾으려는데 거기 누가 돈을 찾아놓고는 두고 갔더라구. 그래서 들고 왔어."

"언니, 그거 뭐라고 부르는 이름이 있던데……. 잠깐 폰으로 찾아보자. 음……언니 같은 이런 경우에는 '점유 이탈 횡령죄'라는 거에 걸린대요."

"응? 뭐 그런 요상한 죄가 있어? 아무튼 이게 죄라는 거네? 지금 은행 홈피 보니까 주말이라 전화 연결은 안 된다는데 어쩌지……. 이럴 때는 어떻게 처리해야 하는지 찾기가 어려워."

저녁밥도 잊은 우리 둘은 바쁘게 은행 홈페이지를 뒤졌습니다. 당장 연락할 수 있는 곳도 알아보고, 이런 경우 어떻게 해야 하는지 이리저리 찾아봤습니다. 누리꾼들이 여기저기 올린 글들을 참조해서 일단 월요일에 전화해 처리하자고 사태를 일단락 짓고, 2만 원은 건드리지 않았습니다. 그러는 와중에도 못된 생각이 꿈틀거렸습니다. '이렇게 작은 행운에 요상한 죄목을 다 붙였네.'

시시티브이보다 무서운 하나님

'그때는 왜 그랬지?' 몇 년 전 수천 만 원이 든 파우치를 주운 날이 떠올랐습니다. 그때는 주운 돈을 당연하다는 듯 주머니에 챙기지 않았거든요. 그때는 맞고 지금은 틀린 저를 되돌아봤습니다.

대학 병원에서 검사를 마치고, 마지막으로 화장실에 들렀습니다. 변기 뒤에 현금 몇 뭉치와 수표, 신용카드, 통장, 도장 등이 잔뜩 든 파우치가 있지 뭡니까? '일단 빨리 뛰어나가서 택시부터 잡아탈까? 아, 수표나 신용카드는 어차피 됐고, 그냥 현금만이라도 챙길까?' 그 짧은 순간 화장실이라는 은밀한 공간이 주는 유혹에 저도 모르게 솔깃하고 있었습니다.

손을 씻고, 돈 뭉치가 든 파우치를 들고, 잰걸음으로 화장실을 나섰습니다. 주인으로 보이는 사람은 나타나지 않고 있었습니다. 조금 더 서둘러 병원 로비로 나왔습니다. 유리 현관문 너머로 승객을 기다리는 택시들이 보이고, 심장이 콩닥콩닥 뛰기 시작했습니다. 마음은 로비를 지나 현관을 나서서 빈 택시를 잡아타고 어디론가 사라질 수 있을 듯한데, 이놈의 발이 안내 데스크로 향합니다. 양심도 뭣도 아닙니다. 그저 '하나님이 보고 계실지도 몰라'라는 요상한 심리 때문입니다. 이 순간, 하나님은 시시티브이보다 무섭습니다. 파우치를 안내 데스크 직원에게 건넸습니다.

"이거 누가 저 화장실에 두고 가셨네요. 여기요."

깜짝 놀란 직원이 뭐라고 이야기하려는데, 저는 급한 일이 있다면서 얼른 병원을 빠져나왔습니다. 돌아서자마자 아까워 죽겠다는 생각이 들었습니다. 속으로 온갖 생각이 스쳐지나갑니다. '아, 뭐야, 현금이라도 챙기고 그냥 화장실에 두고 나올걸……. 아, 정말, 아무 말도 안 하고 있으면 아무도 모를 텐데…….'

몇 천만 원은 돼 보이던 돈다발이 눈앞에 계속 아른거립니다. 아무튼 지금 단돈 2만 원에 양심이고 뭐고 팔아버린 제가 그때는 왜 그랬는지 이해할 수가 없습니다. 상황을 보면 큰 수술을 받은 어떤 사람이 쓸 병원비일 듯해 안타까운 마음에 그런 행동을 한 듯도 합니다. 내가 이 돈을 들고 튀면 어떤 사람은 눈물을 펑펑 쏟아야 할 테니까요. 그래도 이날까지 그 돈뭉치가 생각이 나니, 저도 엄청 아깝기는 했나 봅니다.

왜 그럴까요, 이 2만 원은 그냥 주인에게 돌려주기가 진짜 싫습니다. 고작 2만 원인데 굳이 복잡한 절차까지 거쳐 찾아줘야 하나 싶습니다. 그렇기는 해도 '점유 이탈 횡령죄'라는 혐의를 벗으려면 월요일에는 당장 전화해야지 마음먹습니다. 잃어버린 돈 찾는 사람이 나타나지 않기를 바라면서 말이죠. 제가 양심이 없는 걸까요? 지지난 주에도 버스 바닥에 떨어진 천 원짜리 지폐를 아무 생각 없이 주워 주머니에 넣은 기억이 스치는군요. 그러고 보니 지난번 러시아에 여행을 가서도 돈을 잘 주웠습니다. 나중에는 주워 모은 동전으로 간식까지 사 먹었으니까요.

그런 자잘한 일만 있었나 생각해보니, 더 어릴 적에는 같은 건물 3층에 사는 외할머니 댁으로 올라가는 계단에서 3만 원이 든 봉투를 주워서 아무에게도 말하지 않고 꿀꺽한 기억까지 딸려 나오네요. 아무도 말하지 않아서 저도 굳이 말을 안 했네요. 뭐, 외할머니가 교회에 헌금하려고 챙긴 돈이거나 어디 주려고 챙겨 나가다가 흘린 돈이겠죠. 몇 천 원에서 몇 만 원은 쉽게 삼키던 기억이 되살아나니까 '바늘 도둑이 소도둑 된다'는 속담이 떠올랐습니다. 소도둑이 되는 일이 쉽지는 않습니다. 담도 커야 하고, 소도 다룰 줄 알아야 하고, 데려오면 키워야 할 수도 있으니까요.

이제 소도둑은 되지 못해도, 바늘 도둑질은 계속할 수 있겠네 싶어졌습니다. 돈 앞에서, 심지어 작은 돈 앞에서 무뎌지고 무너지는 제 양심을 바라보다가 조금 서글펐습니다. '아, 내 양심이 단돈 2만 원짜리라는 말인가? 하기는 3만 원에도, 아니 단돈 1000원에도 판 적이 있었구만.'

여러분은 어떤가요? 이럴 때는 어떻게 할 것 같으세요? 작은 돈과 큰돈이 눈앞에 놓여 있을 때 어떤 돈에 양심을 팔기가 더 쉬울까요? 어디 돈뿐이겠습니까. 회사에서 개인적인 문서를 프린트할 때 '뭐, 겨우 몇 장인데 어때?' 하면서 그냥 마우스를 누르잖아요. 이런 작은 일들이 뭐가 또 있을까 생각하게 됐습니다. 그러다가 은행에 꼭 연락해서 그 2만 원을 주인에게 돌려줘야겠다고 마음먹게 하는 이야기를 들었습니다.

바늘 도둑과 소도둑 사이

그 토요일에는 '점유 이탈 횡령'이라는 요상한 죄를 지은 사람이 돼 찜찜한 마음으로 잠이 들었습니다. 다음날, 후배가 힘든 일이 있다면서 연락을 해서 기분도 풀 겸 만났습니다. 영화도 보고 맛난 음식도 먹을 생각을 하면서 큰마음 먹고 포디4D 영화도 예매했습니다. 오랜만에 만난 후배는 힘들어하는 표정이 뚜렷했습니다. 무슨 일인가 싶지만 곧바로 물어보지는 못하고 밥을 먹으면서 이야기를 들었습니다. 밥 먹다가 체할 뻔했습니다.

후배는 직장에서 회계 업무를 담당하고 있습니다. 지금껏 사고가 난 적이 없는데, 이번에 큰 사고를 쳐서 이번 달 월급은 말할 것도 없고 퇴직금을 내놓아도 모자라서 다달이 모은 적금까지 다 토해냈다고 합니다. 도대체 어떤 큰일을 저질러서 회사가 이렇게 가혹한 처벌을 하는지 궁금했습니다.

"그날따라 해외 송금 결제 확인을 해주시는 상무님이 지방 출장이어서, 그냥 제가 계좌 정보 확인하고 바로 입금했거든요. 그쪽 업체에서 서둘러 달라면서 급하게 입금을 요구하더라구요. 그러면서 계좌 번호 관련 정보를 팩스로 넣어줬어요. 기억이 흐릿하지만 예전에 입금할 때 계좌 번호랑 조금 달라진 거예요. 숫자만 하나 바뀐 것 같아서 팩스 문서 보고 입력한 뒤에 바로 입금 처리 했죠. 그런데 그쪽에서 왜 돈을 입금하지 않느냐는 거예요. 깜짝 놀라서 곧바로 보냈다고 하니까 자기네 계좌에는 아직 입금이 안 됐다고…… 그때부터 난리가 났죠."

"진짜? 얼마나 되는데?"

"그날 환율로 1억 5000만 원이요."

"그럼, 당장 은행에 연락해서 잘못 입금했으니까 찾아봐달라고 하면 되는 거 아냐?"

"해외 계좌로 입금된 돈은 받은 쪽에서 먼저 연락이 오지 않으면 반환이 어렵다는 식으로 얘기하더라고요."

"완전 영화구만? 그 계좌 주인은 완전 땡잡은 거잖아. 로또 당첨이네? 가만히 앉아 있다가 이름도 모르는 외국 회사에서 보낸 큰돈을 받은 거잖아."

"연락이 오겠어요? 기대도 안 해요. 회사 법무팀이 이리저리 알아봤지만 쉽지 않다고…… 회사가 그나마 보험을 들었더라고요. 손실 금액 중에 1억 한도 안에서는 80퍼센트를 보상받고, 나머지는 저한테 물어내라는 거예요. 그래서 완전히 탈탈 털어서 냈어요. 이거 소문나면 다른 데 취업하기도 어렵거든요. 일단 월급이랑 퇴직금까지 모두 털어서 잘 마무리하고 나가면 제가 친 사고는 덮어주기로 얘기는 됐어요. 일자리도 알아봐야 하는데, 요즘 같은 불황에 어디 사람 구하는 데가 있을지 모르겠어요."

여기까지 듣고 나니 숨이 턱 막혔습니다. 그러면서도 한순간이지만 이런 상상을 했습니다. '1억 5000만 원이 어느 날 짜잔 하고 내 통장에 날아든다면 어떻게 할까? 일단 확 뜨고 봐?

여행을 그냥 주구장창 막……노르웨이, 스웨덴, 핀란드……다 가봐야지.' 제 앞에서 한숨 쉬는 후배에게 미안했습니다.

정말이지 어느 나라 사는 누구인지도 모른다는 그 사람에게는 1억 5000만 원이 어느 정도 되는 액수일지 모르지만, 아무리 돈 많은 선진국이어도 작은 돈은 아니겠죠. 못사는 나라 사람이 가진 통장에 들어갔다면 말 그대로 어마어마한 행운일 테고요. 누군가 실수로 제 통장에 큰돈을 입금하면 선뜻 주인을 찾아 나설 수 있을까 저도 곰곰이 생각해봤습니다. 실직한 후배에게는 미안한 말이지만, 돈을 보낸 쪽에서 저를 찾을 수 없다면 그냥 얼른 찾아서 써버릴 겁니다.

후배에게도 어떻겠냐 물었습니다.

"어디 토해내겠어요."

병원에서 주운 마음 불편한 몇 천만 원이 아니라 내 통장으로 날아든 행운의 1억 5000만 원을 상상하니까 금세 소도둑도 될 수 있겠다 싶습니다. 저라는 사람의 양심이 지닌 가치가 이렇게 초라하다는 사실을, 적은 돈은 적은 대로 큰돈은 큰 대로 중심을 잃고 마는 가벼운 것이었음을 새삼 깨달았습니다. 1억 5000만 원을 한순간에 날린 후배가 동동거리는 모습을 보면서, 어쩌면 2만 원을 잃어버린 일조차 기억하지 못할 수도 있지만, 그 2만 원 덕분에 이렇게 많은 생각을 하게 만든 그분을 찾기로 마음먹었습니다. 바늘 도둑과 소도둑을 겸업하게 되는 사태는 막아야 하니까요.

내일은 오랜만에 은행에 전화를 걸어야 하겠습니다.

그냥, 무기력하게
누워 있을 수 있나요?

진짜 못하는 일이 하나 있습니다. 가만히 있지를 못합니다. 계속해서 뭔가를 하지 않으면 불안합니다. 피곤해서 쉬려고 누웠다가도 스트레칭을 하고 있고, 머릿속이 복잡해서 멍때리나 싶다가도 어느새 빨랫감을 잔뜩 싸들고 욕실에서 손빨래를 하고 있습니다. 다리가 너무 아플 때는 뭉친 근육을 풀겠다며 동네 공원으로 산책을 갑니다. 부지런한 성격 같지만 불안함 때문에 계속 움직이는 듯해 왠지 속이 상하기도 합니다.

시선을 바꾸다

그냥 멍 때리고 가만히 있을 수 있으면 좋겠다 싶지만, 말처럼 쉽지가 않습니다. 버둥거린다고 해서 어떤 문제가 알아서 잘 풀리는 일도 없고, 제 힘으로 멋지게 해결하지도 못하는 듯합니다. 그러다가 익숙한 성경 구절을 읽고 색다른 묵상을 해봤습니다. 날라리 신자 같아도 성경도 가끔 읽고, 묵상도 하고, 기도도 한답니다. 어쩌면 이런 모습도 가만히 있지 못하고 아등바등하는 제 신앙 생활의 일면일 수도 있겠네요.

얼마 전 〈마가복음〉 2장에 나오는 한 중풍병 환자 이야기를 읽었습니다. 그 남자는 친구 네 명이 도와준 덕분에 예수님을 만나 병을 고칩니다. 아주 익숙한 구절인데 그날따라 색다르게 다가왔습니다. 많은 목사님이 설교 시간에 이 친구 네 명이 지닌 믿음을 칭찬합니다. 중풍병에 걸린 친구를 지붕을 뜯어가면서 예수님 앞까지 데려다주는 이 네 명처럼 되자는 설교를 많이 들었습니다. 저는 문득 누워 있는 친구가 궁금해졌습니다.

"내가 아무리 중풍병에 걸렸어도 들것에 누워서 거기까지는 못 가겠다. 어떻게 예수님을 모셔올 수는 없겠니? 아니면 언제 어디서 설교를 하시는지 알아뒀다 들판이든 산이든 거기로 가면 안 될까? 지붕까지 뜯어내야 하는 상황까지는 아니면 좋겠는데? 좀 너무 황당한 등장이잖아. 지금 중풍병 걸린 꼴만 해도 남 보기 뭐한데, 그 정도까지 하면 쪽팔려 죽을 것 같아. 그러니까 너무 튀게는 하지 말고, 조용히 치료받아도 되잖아."

중풍병에 걸려도 말만 할 수 있었다면 저는 친구들에게 이렇게 부탁했을지도 모릅니다. 중풍병 같은 큰 병에 안 걸려본 사람이 하는 배부른 소리일 수도 있겠다고 생각하시겠지만, 그때 상황에서는 사람이 중병에 걸리면 자기가 지은 죄 때문이라고 여겨 수치심과 죄책감이 하늘을 찌를 텐데 무슨 뮤지컬 배우 등장 신도 아니고 지붕 위에서 들것에 실려 내려오는 모험을 하기는 아무래도 쉽지 않았을 듯합니다. 어디까지나 소심한 제 상상이니 각자 한번 드러누워 생각해보시기 바랍니다.

중풍병자는 누구인가

중풍병에 걸린 나는 하루하루가 지옥 같습니다. 똥오줌을 누가 받아주는 일이 이렇게 고통스러운지 예전에는 몰랐습니다. 그날은 어쩐 일인지 친구들이 일터에도 안 나가고 집으로 찾아와서는 어디를 좀 같이 가자고 합니다. 병이라는 병은 다 고치는 예수라는 사람이 동네에 왔으니 가보자고요. 참 고맙습니다. 친구 네 명이 나를 들것에 옮깁니다. 급한 마음에 친구들은 거의 뛰다시피 합니다. 갑자기 친구들이 멈춰섭니다.

"어? 여기에서 막히는 거야?"

"어떡하지, 들것을 들고 집 안까지 들어가기는 어렵겠어."

"좀 비켜주세요. 죄송합니다. 조금만 비켜주세요."

"뭐야? 나도 아파서 왔거든, 당신네만 아픈 거 아니라고."

"아, 진짜 짜증나네. 나도 지금 몇 시간째 줄 서고 있는지 알아? 줄 서, 줄!"

그때 한 친구가 묘안을 냅니다.

"안 되겠어. 얘들아, 우리 일단 지붕으로 올라가보자. 예수라는 분은 집 안에 계신 모양이야. 이러다 저 분이 이곳을 떠나면 어떻게 해. 어서 서두르자."

뭘 어쩌려는지 묻기도 전에 서둘러 계단으로 뛰어 올라갑

니다. 한 친구가 발로 지붕을 쿵쿵 내리칩니다. 조그만 구멍이
났습니다. 흙먼지가 떨어지자 집 안에 있던 사람들이 지붕이
무너지나 싶어 머리 위를 쳐다보면서 저마다 한마디씩 웅성거
립니다. 이내 친구들은 지붕을 조금씩 뜯어냅니다. 들것을 내
릴 만큼 꽤 큰 구멍을 냈습니다. 흙먼지가 날아와 뺨을 스칩
니다. 나는 아무것도 할 수 없습니다. 지붕 아래에서 사람들이
수군거리는 소리가 들립니다.

"뭐야? 뭐야?"

"저게 뭐하는 짓이래? 남의 집에서?"

"죄송합니다, 여러분. 지금 들것이 내려갑니다. 조금만 자리
를 만들어주세요."

"조금만 비켜주세요. 중풍병 걸린 제 친구를 데려왔습니다.
지금 내립니다. 좀 받아주세요."

들것에 누운 나는 아무것도 할 수 없습니다. 그저 묵묵히
드러누운 채 줄을 조금씩 풀어 내리는 친구들의 눈을 쳐다보
고 힘이 잔뜩 들어간 팔뚝을 바라봅니다. 조금씩 줄이 내려가
면 제 몸도 따라 내려갑니다. 천장에서 떨어진 먼지도 눈에 들
어옵니다. 사람들 말소리가 점점 가까워지더니 바로 귀 옆을
스칩니다. 눈을 감습니다.

"뭐하는 거야, 지금?"

"누구야? 어, 중풍병 걸렸다는 ○○네 걔 아냐?"

드디어 들것이 바닥에 닿습니다. 나는 술렁거리는 사람들
속에 드러누워 있습니다. 가만히 눈을 뜨고, 지붕에 난 구멍으

로 나를 내려다보는 친구들을 바라봅니다. 급히 자리를 만드느라 풀썩거리는 사람들 옷자락 때문에 날리는 먼지들, 샌들 밖으로 삐쭉 나온 때가 잔뜩 긴 발가락들이 가깝게 보입니다. 사람들의 콧구멍이 보이고, 나를 내려다보는 많은 눈동자가 반짝입니다. 주위가 조용해집니다. 나를 바라보는 한 젊은 남자가 있습니다. 예수라는 사람인가 봅니다. 그 사람이 나지막이 말합니다.

"얘야, 네 죄는 용서받았다. 내가 너에게 말한다. 일어나 침구를 가지고 집으로 돌아가거라."

갑자기 속에서 묵은 체증이 내려갑니다. 몸에 손이라도 얹고 세게 기도를 하거나 뭔가 신령한 물건을 갖다 대지도 않고, 지금 뭐하는 거지 싶은데 지붕 위에서 지켜보던 친구가 움직이는 바람에 지푸라기가 얼굴로 떨어집니다. 나는 손으로 얼굴에 떨어진 지푸라기를 스윽 치웁니다.

내가 방금 뭘 한 거지? 내 손이 움직입니다. 발가락이 갑자기 간질간질합니다. 몸통에 힘을 줘봅니다. 늘 축 처져만 있던 온몸의 근육에 힘이 들어갑니다. 옆으로 몸을 돌려 한 팔을 짚고 일어나 앉습니다. 처음에는 벌벌 떨렸는데, 잠깐 앉아 있으니까 이내 힘이 생깁니다. 친구들이 위에서 쳐다보더니 이내 사라집니다.

"이게 뭐야? 지금 중풍병 환자가 일어난 거야?"

"방금 뭐라고 한 거야? 죄를 용서한다고?"

어느새 친구들이 내려왔습니다. 나는 일어나 천천히 발을 떼어봅니다. 첫걸음마를 시작하는 어린아이처럼 신기합니다. 친구들은 자기 일처럼 기뻐합니다. 모두 함께 예수님께 감사 인사를 드리고 밖으로 나옵니다.

집으로 돌아가는 길에 그 친구들은 어떤 이야기를 나눴을 까요? 소설이든 에세이든, 심지어 성경이라 해도 저는 그 상황에 들어가봅니다. 똑같이 방바닥에 드러누워 들것에 누운 중풍병 환자가 되어봅니다. 천장에 구멍도 떠올리고, 그곳에서 나를 바라보는 친구들의 눈망울이 어떨지 상상도 하고, 이 말 저 말 중얼거려도 봅니다. 옷에 묻은 흙먼지도 털어내고요. 이 이야기를 교회에서 들을 때는 대부분 믿음의 친구들 처지였는데 오늘은 중풍병 환자가 돼본 거죠.

살아가면서 유독 어떤 문제나 상황에서 스스로 이 중풍병 환자 같다는 느낌이 들 때가 있습니다. 저는 그럴 때도 버둥거립니다. 어쩌면 전혀 도움이 안 되는 행동일지 모르지만 혼자 어떻게든 해보겠다고 말이죠. 그런데 이 이야기를 만난 순간 저는 모든 버둥거림을 그만두고 싶어졌습니다. 사실 하나님이라면 어떻게 풀어갈지 궁금한 문제들이 우리 삶에서 한두 가지가 아닙니다. 우리 모두 그런 문제를 하나쯤은 갖고 있지 않나요? 그런 문제가 없는 사람도 있을지 모르겠네요. 아니면 하나님이 허락하신 일들이니 믿음을 갖고 감사한 마음으로 감내하는 분들도 있을 테고요.

저는 잘 안 됩니다. 어렵습니다. 주변에서 아무리 버둥거려도 풀리지 않는 문제 때문에 힘들어하는 친구들을 볼 때면,

제가 들려줄 만한 답이 전혀 없을 때도 있습니다.

무기력할 때 더 무기력한 말

제 인생도 그렇지만, 요즘은 도움이 필요한 친구를 볼 때 무력감만 심해집니다. 해줄 수 있는 일이 아무것도 없어서 힘 없이 기도해준다거나 힘을 내보자거나 잘될 테니 걱정 말라고 토닥이는 말로 마무리할 때면 더욱 그렇습니다.

"언니, 일자리도 안 구해지고, 이럴 때 곁에 사랑하는 가족 이나 나를 사랑해주는 형제라도 있으면 좋겠는데……. 언니, 저는 그게 쉽지가 않아요. 아빠한테 그런 일을 당해서 그런 가……."

"아니야, 아냐. 그렇지 않아. 그게 니 인생을 전부 다 망치지 는 못하게 하자."

얼마 전 해영(가명)이가 집에 찾아왔습니다. 씁쓸한 이야기 를 들었지만, 제가 해줄 수 있는 말도, 딱히 할 수 있는 일도 없었습니다. 기도하겠다는 말도 차마 못할 듯해 입을 닫았습 니다. 동네 밥집에서 밥 한끼 사주는 정도가 해줄 수 있는 전 부였죠. 그런데 해영이는 늘 제게 이런저런 이야기를 합니다. 어쩔 수 없는 상태에 놓인 자기 자신을 그냥 꺼내놓고 돌아갑 니다. 저는 그 이야기를 무기력하게 가만히 듣기만 합니다.

문제 해결형 인간으로 살아온 저는 이런 만남이 참 힘듭니 다. 그렇습니다. 일자리도 이리저리 알아보고, 아빠라는 사람한테 그런 일을 당한 사람이어서 생긴 문제는 아니라는 되도 않는 잔소리도 해보지만, 어려움에 빠진 사람에게 아무런 도움이 되지 않는 듯합니다. 어쩌면 해영이가 혼자 감당해야 하는 일인지도 모르지요. 요즘 그런 해영이를 곁에서 지켜볼 때 저라는 사람이 모든 근육에 힘이 빠진 중풍병 환자 같습니다. 제가 해줄 수 있는 일이 정말, 없어도 이렇게 없을 수 있을까요?

해영은 의부에게 오랜 기간 성폭력을 당했습니다. 같은 교회에 다니면서도 그때는 그런 상황을 전혀 알지 못했습니다. '쟤는 왜 저렇게 힘든 척을 하지. 꼭 저러지 않아도 되는데, 저런 식으로 관심 끌려고 하면 자기 삶만 더 힘들 텐데……' 해영이를 보면서 그저 이렇게 생각할 뿐이었습니다. 힘들수록 더 씩씩하고 밝은 척하면서 살아온 저는 해영이를 이해할 수 없었죠. 자기 문제를 스스로 해결하려 하지 않고 누군가에게 도움을 바라는 듯한 해영이의 태도 때문에 더욱 그렇게 느껴졌습니다.

그러던 어느 날 한국성폭력상담소가 연 행사에서 해영이를 우연히 만났습니다. 그때 해영이의 삶에 드리운 그늘을 알게 된 저는 낯이 뜨거워질 정도로 미안했습니다. 왜 정작 교회 안에서는 해영이의 본모습을 못 듣고 못 본 걸까 후회하면서 제 자신의 교회 생활을 반성하기도 했습니다.

아무튼 해영이의 삶 이야기를 한참 듣고 있다가 저는 대뜸 이렇게 말했습니다.

"해영아, 내가 니 이야기를 글로 써보고 싶은데 괜찮을까?

아, 정말 그 사람 나쁘다. 그리고 너 정말 대단하다. 잘살았어."

"네, 언니, 좋아요. 멋진 글로 써주세요. 저는 글재주가 없어서……. 근데 한번 정리는 해보고 싶어요. 자꾸 기억이 지워져 가는 것 같아서요."

"그래, 그래 기억은 점점 지워지는 거 같아. 게다가 안 좋은 기억일수록 더 그럴 수 있지."

겨자씨보다 더 작은 믿음

해영이 이야기를 글로 정리해서 주기로 했는데 요즘 제 코가 석자라 아무것도 못하고 있습니다. 그렇지만 해영이 곁에서 작은 일이지만 뭐라도 해줄 수 있는 친구가 돼주고 싶은 마음은 여전합니다. 일자리를 찾고 있지만 뜻대로 잘 안 풀리는 모양입니다. 엊그제 문자를 보냈는데 아직 답이 없습니다. 조금 더 기다리다가 늦기 전에 전화라도 해봐야겠습니다.

어쩌면 가장 무기력하게 누워 있는 중풍병 환자는 저일지도 모릅니다. 믿음으로 천장을 바라보고, 언제일지 알 수 없고 무엇일지도 모를 하나님의 일들을 보고 싶어 가만히 누워 있는 일밖에 할 수 없는 존재 말입니다. 이런 상태에서 믿음이란 겨자씨보다 더 작을 겁니다. 왜냐하면 아직까지 한 번도 뒷산을 들어 한강에 빠트려본 적이 없거든요. 겨자씨만 한 믿음만 있어도 된다고 해서 시험해보느라 기도는 해봤지만 되지는 않더라고요.

잠깐 착각했습니다. 어려움에 빠져 사는 친구가 무기력하게 누워 있는 중풍병 환자라고요. 정작 그런 친구에게 아무런 도움을 줄 수 없는 제가, 어떤 힘도 돼줄 수 없는 처지에서 믿음을 지키며 이 모든 상황을 지켜보고 견뎌내야 하는 중풍병자가 아닌지, 중풍병 환자이면서 뭣도 모르고 깝죽거린 게 아닌지 모르겠습니다.

무기력한 제 자신을 인정하고 누워 있을 수 있는 믿음이 필요한 건 아닌지 생각합니다. 그러면 예수님이 진짜 그분의 능력을 보이실까요? 늘 아등바등하던 저로서는 몹시 궁금해집니다. 오늘은 제 자신에게 가장 먼저 묻고 싶습니다.

"무기력한 와중에 믿음으로 힘 빼고 누워 있을 수 있니, 영서야?"

추신

오늘은 주일 아침입니다. 그런데도 불안해서 새벽 6시 30분에 일어나 일감이랑 공부할 책들을 싸들고 나와 1부 예배를 드린 뒤 카페에 죽치고 앉아 이 글을 쓰고 있습니다. '불안' 장애인으로서 저는 아직은 믿음으로 힘 빼기는 멀기만 한 듯합니다.

우리는 왜 서로
모르는 걸까요?

함께 살게 된 친한 후배가 있습니다. 하루는 스트레스가 풀린다는 매운 닭발을 먹으러 같이 갔습니다.

"닭발 먹어봤어? 몇 번 안 먹어봤는데 의외로 맛있더라고."

"어릴 때 집이 너무 가난해서 먹을 게 없었어요. 엄마가 집에 먹을거리가 떨어지면 치킨집 하는 외삼촌 집에 가서 안 쓰고 모아놓은 닭발이랑 닭목을 다라이에 수북이 담아왔는데, 그걸 그냥 하얗게 삶아 먹었어요. 지금은 양념이라도 하지만 그때는 그냥 맹물에 끓여 먹었는데, 닭발은 살이 없어서 별로고 닭목에는 살이 좀 있으니까 그나마 좋아했어요. 그래서 우리 오빠는 지금도 절대 닭발 같은 건 안 먹어요."

"그냥 맹물에 하얗게 끓여? 맛이 없었을 거 아냐. 니 나이가 몇인데 그렇게 살았어? 육이오 때도 아니고, 완전 어르신들 이야기 같잖아. 근데 난 왜 이 이야기를 너한테 지금에야 처음 듣지? 그 정도로 힘들게 자랐는지는 몰랐어."

"그러게요. 언니랑 처음 이런 얘기를 해보네요. 이런 얘기 딱히 다른 사람들하고 나눠본 적은 없는 거 같아요."

"그러고 보니 나도 어릴 때 집에 쌀 떨어지고 먹을 게 하나도 없어서 동네 가게에서 외상으로 밀가루 사다가 수제비 끓여 먹었어. 일인당 몇 개씩 나눌지 계산하면서 숫자 맞춰서 반죽 떼어 넣고 그랬는데……. 그래서 난 수제비는 안 먹잖아. 그때 너무 먹어서."

닭발과 수제비

닭발과 수제비를 먹고 자란 우리는 힘들고 어렵게 자란 사람치고는 잘살아온 편이라며 서로 토닥였습니다. 대학부 때부터 속 이야기도 많이 나누고 대학 때 자취도 함께한 사이인데 어떻게 그렇게 몰랐을까 궁금했습니다.

후배의 어린 시절 이야기를 보물찾기 하듯 하나씩 듣기 시작했습니다. 어린 시절에는 시골에서 가난하게 자랐지만, 고등학교 때는 공부도 곧잘 해서 선생님들이 이래저래 도움을 주셨답니다. 라면을 박스로 사서 주는 선생님도 계셨답니다. 중간중간 맞장구를 치고 이야기를 나누면서도 계속 궁금했습니다. 우리는 왜 잘 몰랐을까요? 10년도 훨씬 넘는 긴 시간 동안 알고 지낸 후배에 관해 저는 도대체 뭘 알고 있었을까요?

가만 보니 이런 경험이 처음은 아닙니다. 몇 년 전 남동생하고 꽤나 길고 깊게 어린 시절 이야기를 나눈 적이 있습니다. 가족들끼리는 떠올릴 만한 좋은 일이 그다지 없어서 옛날이야기를 안 하는데, 그날따라 피하고 싶지 않았습니다.

"기절하고 깨어난 때 기억나? 내가 눈뜨자마자 먼저 책부터 가져오라고 했잖아. 아, 진짜 그때 생각하면, 내가 얼마나 힘든데 가족들은 다 뭐하고 있었나, 다들 어디 있었나 생각도 잘 안 나. 그 사람하고 나만 산 거 같아."

"기억나지. 근데 그때 누나만 힘들던 거 아니야. 난 내가 집에 와서 책가방을 내려놨는지 안 내려놨는지도 기억이 안 난다니까. 난 집에서 산 거 같지 않아. 나도 힘들었어. 누나가 다른 사람들은 어떤지 생각할 여유가 없어서 그렇지, 다 힘들었지, 그때는……."

너도, 힘들었구나

삼남매 사이에서 가장 친하고 이야기도 많이 나눴다고 생각하는 동생 입에서 난생처음 그 시절 자기도 힘들었다는 말을 들었습니다. 그날도 뭔가 성가신 궁금증이 자라나려 했지만 한쪽으로 치워뒀습니다. 이번에는 달랐습니다. 그날처럼 치워두지 말아야겠다는 오기가 발동해서 궁금증들을 끌어내 생각 주머니에 담았습니다. 그 궁금증들을 이리 굴리고 저리 굴려가면서 묻고 대답을 찾았습니다.

다른 사람의 속 이야기를, 각자의 힘든 사정과 그 사정을 털어놓는 심정을 듣는 일은 쉽지 않습니다. 저처럼 다른 사람 이야기를 잘 들어주지 못하는 사람에게는 더 그렇겠죠. 제 속 이야기는 잘도 털어놓고 힘들 때 힘들다는 말도 잘하면서, 다른 이들에게는 그런 말을 할 수 있는 기회를 별로 열어주지 않았네요. 입으로는 내 문제가 세상에서 가장 힘든 일은 아니라는 사실을 안다고 떠들었지만, 마음속에서는 아직도 그 미련한 자기중심성의 끈을 끊어내지 못해서, 지금 어딘가 소속 없이 혼자 부유하는 듯한 인생살이가 고단해서 더 그런지도 모르겠습니다.

오지랖 넓게 이 사람 저 사람 사는 이야기를 다 듣겠다는 말은 아닙니다. 가까운 사람들의 속 이야기는 들어줄 수 있는 사람이 되고 싶다는 말입니다. 조금 더 마음을 받아주고 이야기를 들어주면서 살고 싶은데, 어떻게 하면 될까요?

목적 없이 경청하기

그러고 보면 유독 제 주변 사람들, 특히 친한 이들은 착한 데다가 다름 사람이 하는 이야기를 잘 들어줍니다. 힘들다면서 전화하고 찾아오는 친구를 둔 이들이 많네요. 그래서 언제부터 관찰을 시작했습니다. 저하고 함께 있다가 걸려오는 전화를 받는 방식도 지켜보고, 저랑 이야기를 나눌 때 어떻게 반응하고 어떤 추임새를 넣으면서 대화를 이어가는지를 유심히 관찰했습니다. 그이들이 하는 말이나 보이는 반응은 그다지 특별할 게 없었습니다.

"그래서?"

"정말? 아, 진짜 나쁘다."

"진짜 힘들었겠네."

"그래서 어떻게 하려구?"

"어, 그래서? 잘했네."

고개를 격하게 끄덕이며 긍정할 때는 내 이야기를 진짜 듣고 있다는 느낌을 줬습니다. 친구들이 하는 말은 그다지 길지도 않고, 공감이나 경청을 가르치려는 숱한 처세술 책들보다 뚜렷하고 쉬웠습니다. 대화법을 배우고 싶어 워크숍도 다니고 책도 사서 읽었는데, 제 친구들을 관찰하면서 가장 큰 도움을 받았습니다. 처음에는 연습하듯 하나씩 해보기로 했습니다. 그 과정에서 깨달은 점들이 있습니다. 먼저 상대방이 하는 이야기를 많이 들어야 한다는 겁니다. 또한 상대가 이야기를 점점 발전시킬 수 있게 문을 열어줘야 한다는 겁니다. 뭔가 문제를 해결할 방안을 내놓는 일은 중요하지 않다는 말이죠.

이미 아는 내용이라고요? 네, 맞습니다. 그런데 아는 만큼 잘 안 돼서 늘 문제잖아요. 그래서 다시 한 번 공부하듯 해보려고 《경청》을 다시 읽었습니다. 마음을 텅 비울 때 비로소 대화할 준비를 갖추게 되고, 그렇게 돼야 대화 속에서 진실의 목소리를 듣게 된답니다. 진짜 속 이야기를 들으려면 제 속부터 텅 비우고 사람을 만나야 한다는 말이죠. 그동안 내 속에 내가 너무 많기도 했고, 스스로 판단을 내린 답도 많았고, 주체하기 어려운 문제 해결 본능 때문에 비우기가 쉽지 않았구나 하는 생각이 들었습니다. 말을 배우는 데는 2년이 걸리지만 침묵을 배우는 데는 60년이 걸린다는고 구절도 다시 읽었습니다.

마음이 조금 편해졌습니다. 아직 예순이 안 된 나이니까 괜히 조급해하지 말고, 마음속에 빡빡하게 이런저런 답안지 들고서 사람들을 만나지 않아야겠습니다.

'그래, 별로 어렵지 않네. 당장 해봐야지.' 이렇게 마음먹은 다음에 이렇게도 해보고 저렇게도 해봐야지 생각하고 있는데 갑자기 전화벨이 울립니다.

"언니, 지금 잠깐 통화되나요?"

"무슨 일이야?"

무슨 과제가 주어지기를 기다리는 하이에나 같은 질문이네요. 다음에는 다른 말로, 어떻게 지내냐는 정도로 시작해야겠습니다.

"언니, 내가 이번에 뭘 샀는데, 이걸 환불받고 물건은 돌려보내는데……."

일단 듣기만 했습니다. 분명히 계속 듣고 있다고 여겼는데 어느 순간 제가 말을 합니다.

"어? 근데 그런 경우는 본 적이 없는데? 너무 걱정하지 말고, 환불됐으면 됐지. 넌 너무 걱정이 많은 것 같아. 걱정하지 말고 좋게 생각하고……."

또다시 제 대사가 술술 터져 나옵니다. 고민도 하고, 책도 읽고, 글도 쓰고, 생각도 다짐도 새롭게 한 뒤에도 툭 튀어나오는 습관이 참 무섭더군요.

예순 살이 되기 전까지 침묵을 배우면서 마음을 텅 비우고 친구가 하는 이야기를 들을 수 있는 사람이 되고 싶습니다.

남들의 부러움을 사는 성공을 바라거나 다른 사람의 마음을 얻는 사람이 되려는 생각 없이, 아무런 목적을 두지 않고 상대가 그대로 그 모습일 수 있게 하는 '경청'을 해보고 싶습니다.

저라는 사람은 언제쯤이나 목적 없는 경청을 거쳐 상대방의 속 깊은 이야기를 들을 수 있을까요?

2부

하나님,
저한테
왜 이러세요?

정말 죽음이 가장
두려운가요?

사람들의 속 이야기를 듣고 싶어하는 마음을 품은 지난달부터, 연락해서 만나자는 사람들이 이상하게 많아졌습니다. '답답한 일 있으면 저한테 연락하세요.' 이런 광고를 내지도 않았는데, 신기합니다.

익숙해진 거짓 토닥임

할 일을 잔뜩 짊어지고 주말에 혼자 카페에 콕 박혀 앉아 있는데 어린 후배가 찾아왔습니다. 그 친구 엄마랑 제 나이가 비슷할 겁니다. 공부하겠다고 영어책을 열심히 보고 있는 저를 보더니 묻습니다.

"샘은 왜 그렇게 공부를 열심히 해요?"

"그냥, 지금은 재미있어서. 근데 나이들어서 하려니까 진짜 힘들어. 나도 너 나이 때부터 공부할 수 있는 자유가 있었으면 참 좋았을 텐데, 우리 아빠라는 사람은 공부도 못하게 했거든."

"왜요?"

"정상은 아닌 사람이잖아."

둘이 씩 웃고 다시 이야기를 이어갑니다. 비슷한 아픔을 지닌 친구여서 이야기 나누기가 편합니다. 예전에는 같은 아픔을 가진 친구들을 만나서 위로하거나 지지하지 못했는데, 언제부터 편해졌습니다. 마음껏 이야기할 시간을 주고, 점심도 먹고, 다시 자리에 앉아 각자 할 일을 했습니다. 죽고 싶을 만큼 힘들다는 후배를 달래고 난 뒤, 저는 공부를 시작하고 그 친구는 낮잠을 청합니다. 귀엽습니다. 젊음, 아니 아직 어린 소녀의 시간이 기분 좋게 부럽습니다.

살기가 너무 힘들다는 이야기를 들으면, 두려울 때는 조금만 용기 내서 힘든 시간을 견뎌보자고 하고, 아는 곳을 연결해줄 테니 상담을 받아보자며 대안을 제시하고, 이런저런 희망적인 이야기들도 전해줍니다. 그런데 며칠 전 조카들을 두고 한 걱정이 떠올랐습니다. 저를 포함해 제 조카들의 미래가 엄청 걱정됐거든요. 사회 문제가 갈수록 깊어지고 경쟁도 심해질 텐데 어떻게 살아남을까 하고요.

제 책을 읽고 뭔가 희망적인 이야기를 듣고 싶어 찾아온 친구에게 불확실한 미래가 주는 두려움을 전할 수는 없었습니다. 거짓말로 토닥토닥하는 느낌에 미안함이 담깁니다. 두려움 대신에 소망을 전하고 싶기는 하지만, 지금의 삶과 앞으로 살아갈 날들에 커다란 두려움을 가진 어린 소녀에게 딱히 해줄 말이 없습니다.

색다른 악몽

이놈의 누런 박스는 왜 이렇게 무거운지, 쌓아놓은 양이 많아서 덤벼들었는데 꽁꽁 얼어붙어 쉽게 떨어지지 않습니다. 하나씩 떼어내 리어카에 실으려는데 철판처럼 무겁습니다. 물에 잔뜩 젖은 채 얼어붙은 상자를 옮기기가 너무 어렵구나. 에고, 오늘 하루 종일 이 많은 상자를 어떻게 다 챙기나 걱정하는데 땀인지 눈물인지 모를 것이 흘러내립니다. 추워서 장갑을 끼고 두꺼운 옷을 입어서 그런지 움직임도 둔합니다. 눈물이 주르륵 흐릅니다. 카메라가 돌아가면서 주인공을 비추듯 눈물 흘리는 제 얼굴이 뚜렷하게 보입니다. 할머니가 된 저였습니다.

눈을 번쩍 떴습니다. 아직 새벽인데 이런 꿈이나 꾸다가 잠을 깨다니 속이 상합니다. 살다 살다 이런 악몽은 처음입니다. 땀도 나고 눈물도 흘렀습니다. 그때 깨달았습니다. 요즘 제가 무엇을 두려워하는지 말이죠. 무의식이 이렇게 뚜렷하게 제 두려움을 보여주다니, 신기하기도 하고 찜찜하기도 합니다.

이른 아침부터 친한 후배에게 기도를 해달라고 부탁했습니다. 악몽을 꿨는데 너무 무서웠다고. 지금까지 꿔본 적 없는 새로운 내용의 악몽인데, 하나님을 잘 믿으면 해결될지 모르겠지만 일단 기도 좀 부탁한다고요. 폐지 줍는 제 모습을 상상한 적은 없지만, 거리에서 폐지 줍는 할머니들을 보면서 암담한 미래가, 노후 보장이 되지 않는 나이듦이 무척 두려웠구나 싶었습니다.

지금 다시 생각해도 겁이 나네요. 두려움을 없애달라고 오랜만에 기도도 드려봅니다. 저부터 이런 악몽에 시달리고 있으니 저보다 더 힘들게 지금을 살아가는 사람들은 오죽할까 싶습니다.

죽음보다 두려운 것

그 꿈을 꾼 몇 주 뒤 교회에서 예배를 드릴 때였습니다. 그날 설교는 하나님의 아들인 예수께서 육신을 입고 사는 우리하고 똑같이 사람으로 태어나 살다가 죽음을 이김으로써 삶의 가장 큰 두려움인 죽음을 향한 두려움을 없애주셨다는 말씀이었습니다. '아멘'을 크게 외치는 목소리에 저도 모르게 고개를 돌려 쳐다봤습니다. '삶의 만족도가 높나? 노후 준비가 완벽한가? 진짜 완전 잘 사나?' 별 생각이 다 들었습니다. 다른 때 같으면 은혜가 됐을 텐데, 그날은 가슴 깊은 곳에서 계속 질문이 올라왔습니다. 저기요 목사님, 그리고 방금 '아멘'하신 분, 저 질문 있어요. 정말 죽는 게 가장 두려워요?

차마 그 자리에서 묻지는 못했죠. 저를 미친 사람 취급하거나, 예배를 방해한 사람 아니면 하나님 말씀에 토를 다는 사람으로 생각하고 이상하게 볼지도 모르잖아요. 저는 정말 궁금한데 말이죠. 아무튼 설교 시간 내내 질문이 꾸역꾸역 올라오는 바람에 노트에 이것저것 끄적거리면서 겨우 참았습니다.

친한 후배랑 눈이 마주쳤습니다.

"나는 사실 죽는 것보다 사는 게 두려운데……."

후배도 피식 웃으며 맞장구칩니다.

"맞아요. 저두 그래요."

함께 점심 먹고 차도 마시면서 우리가 가진 두려움을 이야기했습니다. 죽음까지 갈 필요도 없이 '지금, 여기'의 삶에서 느끼는 불안이 교회 다니고 하나님 믿는 우리에게도 만만치 않다는 현실을 확인할 수 있었습니다.

"믿음이 완전 좋은 사람들은 안 두려울까? 당장 일자리가 없고, 나이들어 어떻게 살게 될지 몰라도? 아까 '아멘' 되게 크게 한 아저씨, 나도 모르게 쳐다봤잖아. 진짜 궁금해서. 가서 묻고 싶더라. 잘사시는지, 삶의 만족도는 어떤지, 노후 준비는 어떤지. 차라리 죽으면 편할 것 같다는 생각을 어릴 때부터 많이 했거든. 주일학교 다닐 때부터 천국을 너무 좋은 곳으로 들어서, 거기 가면 편할 거 같아서 죽는 것보다 늘 사는 게 진짜 힘들다고 생각한 거 같아."

"맞아요. 죽는 거나 천국 가는 거는 우리에게 좋은 거니까요. 저도 사는 게 더 힘들고 겁날 때가 많아요. 제대로 살고 있는 건지도 모르겠고, 가끔은 길 잃은 것도 같고……."

"하나님께서 살아갈 날들에 느끼는 내 막연한 두려움을 거둬주시기를 바라. 진짜 그래 주시면 좋겠다. 그러실 수 있을까?"

후배가 빙그레 웃습니다. 저는 사후 세계가 아닌 지금, 당장, 이곳에서 하나님의 진정한 능력을 보고 경험하며 살고 싶습니다. 여러분은 어떠세요? 정말 죽음이 가장 두려운가요?

유유상종
중인가요?

몇 달 전 한 문화인류학 교수님이 하는 강의를 들었습니다. 결혼 이주 여성에 관해 이야기하던 교수님이 뜬금없이 질문을 던졌습니다.

"여기 오신 분들 중 베트남이나 필리핀 같은 동남아에서 와 한국 남자랑 결혼한 여성하고 친구 관계인 분 계신가요?"

아무도 손을 들지 않았습니다. 거의 60명 가까운 사람이 앉아 있었는데 말이죠. 대부분 우리 사회의 소외 계층에 관심도 있고 차별 문제를 해결하고 싶어하는 사람들이었지만, 도움을 주거나 지원은 할 망정 누구 하나 친구가 된 사람은 없었습니다.

당신의 친구는 누구인가

친구란 어떤 관계일까요? 일단 검색을 해봤습니다. '가깝게 오래 사귄 사람, 나이가 비슷하거나 아래인 사람을 낮추거나 친근하게 이르는 말'이더군요. 저는 이주 여성들이랑 친구 관계를 맺지 못한 사람이 확실했습니다. 집에 오는 내내 질문이 끊이지 않았습니다.

"옛말에 '유유상종'에 '끼리끼리'라고, 친구를 보면 그 사람을 알 수 있다던데, 그럼 비슷한 사람들끼리 친구하라는 말 아닌가? 이주 여성은 나랑 너무 다르잖아. 문화도 사는 방식도. 얼마나 잘살아보겠다고 가족도, 익숙한 환경도 버리고 결혼 하나 하겠다고 이 나라까지 오는 거지? 그런 사람들이랑 친구가 될 수 있을까? 근데 나라는 사람의 친구는 어떤 사람들이지?"

제 친구들을 떠올려봤습니다. 1년에 몇 번 연락하고 가끔씩 봐도 늘 어제 만난 듯 소소한 이야기를 나눌 수 있는 친구도 있고, 큰일에 연락하면 언제든 달려오는 친구도 있고, 거의 매일 전화하고 매주 만나는 친구도 있습니다. 어떤 친구는 가족보다 가깝고 편하게 지내다가 함께 살기도 했습니다.

제 친구 데이터를 정리하니까 재미있는 결과가 나왔습니다. 일단 대부분 저보다 돈을 잘 벌거나 비슷하게 벌었고, 대부분 대학원이나 대학을 나왔습니다. 하는 일도 몸보다는 머리를 쓰는 일을 많이 했고, 공교롭게 다들 비혼입니다. 먹고 살 걱정은 별로 없고, 혼자 사는 데 익숙했고, 만나서 정치 이야기를 하든 사회 문제나 연애 이야기를 하든 편한 사람을 주로 친구로 두고 있습니다. 친구를 보면 그 사람을 알 수 있다는 말에 딱 들어맞게 저는 살고 있는 편입니다. 여러분은 어떤가요?

중산층 대졸자들 모임

제가 다니는 교회는 서울 시내 한복판에 있고 규모도 큰 편입니다. 대학부를 함께 다닌 친구들을 보면 집안까지는 잘 몰라도 못사는 사람은 많지 않은 듯합니다. 대부분 중산층 이상의 삶을 보장하는 직업이나 공무원 같은 안정된 직업을 갖고 있고, 전문직에 종사하는 친구들도 꽤 됩니다. 결혼해서 평범하게 살아가는 보통 사람들의 무리가, 제가 교회에서 만나는 친구들입니다.

가끔 노숙자 아저씨도 한 분 오시고 어려운 가족도 드나들기는 하지만, 그분들이 잘 섞여 지낸다는 느낌은 들지 않습니다. 공동체의 동등한 구성원이기보다는 도움을 주고받는 관계 같고, 저도 속 깊은 이야기를 나눈 적이 없습니다. 그저 오가며 고개만 까딱하면서 인사하는 정도입니다. "그 노숙자 분이 하기로 하셨는데……." 어떤 여성 전도사님이 이렇게 말씀하신 적이 있습니다. 교회를 오래 다니고 있고 쓰레기를 치우거나 정리정돈 하는 일을 하는데도, 그 노숙인 성도는 교회 안에서 이름도 없는 존재였죠.

저도 그분 이름은커녕 성도 모른 채 몇 년이 흘렀습니다. 그런 제 모습도 씁쓸했습니다. 예수님은 성매매 여성도 친구로 삼았는데, 제게는 그런 친구가 아예 없었습니다. 예수님 제자들만 해도 정치색이 극과 극을 달린다는데, 저는 한쪽에 치우칩니다.

비혼모도 노숙자도 괜찮아?

중국과 러시아를 여행할 때 만난 사람들이 떠올랐습니다. 중국에서는 조선족 교회를 주로 갔지만, 하루는 한족 교회에 찾았습니다. 중국어로 예배를 드리기 때문에 아무것도 알아들을 수 없었지만, 친절한 분을 만나 홈스테이까지 할 수 있었습니다.

다섯 살 정도 되는 여자아이를 둔 젊은 엄마였습니다. 저는 중국어를 못하고 그분은 영어를 못하니까 몸짓으로 말했습니다. 작은 원룸형 아파트에는 분홍색 침대와 장롱 하나만 덩그러니 있었습니다. '어? 애기 아빠 오면 불편하겠는데. 어쩌지, 여기서 자야 하나?' 엄마, 아빠, 여자아이를 그린 뒤 아빠 옆에 물음표를 그렸습니다. 그러자 아빠는 없다는 표시를 합니다. 어떻게 이야기가 오고간지 모르겠지만, 엄마는 결혼하지 않았고, 남자 친구를 만나 딸을 낳았고, 그 남자가 떠나버린 뒤 혼자 딸을 키우고 있었습니다. 상상도 못한 일이었습니다. 교회 집사님이었고, 다음날 찬양팀이자 성가대 지휘자였으니까요. 제가 다니는 교회에서는 비혼모를 본 적도 없는데다가, 비혼모를 성가대 지휘자로 세울 수 있을지도 의문이거든요.

러시아 여행 때는 러시아 사람들이 다니는 교회당에 갔는데, 중국어보다 더 알아들을 게 없는 러시아어로 찬양도 흥얼흥얼 따라 하고 설교도 들었습니다. 곁에 앉은 러시아인이 우리가 아무것도 듣지 못한다는 사실을 알고 영어로 동시통역을 해줘서 띄엄띄엄 내용을 들었죠. 광고 시간이 됐습니다. 스크린에 띄운 화면에 지저분한 노숙자가 나왔습니다. 갑자기 다들 뒤를 돌아보며 웃고 떠들었습니다. 조금 뒤에 남녀 한 쌍이 자리에서 일어섰고요.

나중에 들으니 그 남자는 교회에 처음 나올 때 노숙자에 알코올 의존증 환자였답니다. 광고 때 나온 사진은 그 사람의 그 시절 모습이었고요. 지금은 말끔하게 바뀌어 있었습니다. 교회에서 짝꿍을 만나 결혼한다는 소식을 전하는 광고였답니다. 두 사람을 보면서 박수치고, 환호하고, 웃는 러시아 교회 사람들이 참 낯설더군요.

'우리 교회 다니는 노숙자 아저씨에게도 저런 일이 생길 수 있을까?' 고개가 갸웃거려집니다. 먼저 저부터 그런 아저씨랑 데이트할 수 있냐고 물으면 만나볼 의사가 전혀 없습니다. 뼛속까지 뭔가 있는 줄 착각하는 부류라 그런지 친구들이랑 늘 하는 말이 있거든요. '대화만 되는 남자면 되는데' 같은 간단한 듯 간단하지 않은 조건 때문에 만나볼 생각이 전혀 없는 거죠. 편견도 있고, 다른 사람들 이목도 신경을 쓰니까요. 저부터 이러니 남들 뭐라 할 것 하나도 없습니다.

색다른 친구를 사귀는 만남

《눈물도 빛을 만나면 반짝인다》를 낸 뒤에 뜻하지 않게 색다른 관계가 생겨났습니다. 한편으로는 '이런 관계를 이어가도 되나?', '친구처럼 지낼 수는 있을까?', '저 사람들은 왜 나를 만나고 싶어할까?' 같은 의문도 많았지만, 일단 그냥 만나보자고 하고서 관계를 이어오다가 벌써 3년차 친구가 됐습니다. 저보다 한참 어린 한 친구는 제가 낸 책을 읽고 북 콘서트에 온 뒤 인연이 이어졌는데, 자기가 겪은 가난한 삶하고는 종류가 다르기는 하지만 제 경험이 삶을 온전히 받아들이고 이겨나가는 데 도움이 됐답니다. 여전히 연락하면서 가끔 만나밥도 먹고 영화도 보는 사이입니다.

제 책에 추천의 글을 쓴 이금희 아나운서도 지금까지 인연이 이어지고 있습니다. 인터뷰를 하면서 알게 된 어떤 기자 언니는 화장도 잘 안 하고 다니는 제게 뭐라도 찍어 바르라며들고 다니던 립스틱 같은 화장품을 이것저것 챙겨줍니다. 원래는 인터뷰한 사람들이랑 인연이 계속되지는 않는데, 이상하게 저는 만나게 된다네요. 만나면 완전 재미있는 언니라 제가정말 좋아해서 그럴 수도 있습니다. 검사들 모임에 강사로 초청받아 짧은 강연을 한 뒤에 인연이 시작된 어느 동생은 따로연락을 줘 사귀기도 했습니다. 지방에 근무할 때는 그 친구관사에서 수다를 떨다가 자기도 합니다. 그때 처음으로 사건때문이 아니고 그냥 놀러 검사실에 가봤습니다.

제가 재미있게 읽은 《욕망해도 괜찮아》를 쓴 김두식 교수님은 짧게 정리할 수 없는 기막힌 우연 덕분에 연락이 닿아 제첫 북 콘서트 사회까지 봐주셨고요. 가끔 이런저런 이야기를나누면 오래 알고 지낸 이모나 고모를 만나 수다 떠는 느낌이

들 정도랍니다. 이 모든 관계를 저 혼자만 편히 생각하고 있는지도 모르지만, 색다른 사람들을 만나 관계를 지속하는 경험은 언제나 신선합니다. 제 생각의 틀을 톡톡 쳐서 조금씩 무너트리고 새롭게 세우거나, 다른 사람들의 눈을 거쳐 지금까지 'A=B'라고 보던 세상을 'A=C~Z' 식으로 다양하게 볼 수 있게 됐고요. 이런 색다른 관계 속에 아직은 노숙자 친구도 없고 이주 여성 친구도 보이지 않지만, 자연스럽게 생길 수 있게 문을 열어놓고 싶습니다.

색색의 봄꽃이 피어나듯, 이 봄날 새로운 친구 관계를 싹 틔우고 키우면 어떨까요? 이제껏 안 가본 커뮤니티에 발을 담그거나, 나랑 색깔이 달라도 너무 다른 단체를 기웃거리는 일도 도움이 될지 모르겠네요. 가을쯤 어떤 열매가 맺힐지 예측할 수 없는 색다른, '끼리끼리'를 벗어난, 유유상종의 틀을 깨는 나와 당신의 만남을 기대합니다.

목사님,
자격 있나요?

끝없는 놀기 에너지를 지닌 친구가 있습니다. 요즘 놀자고 꼬시는 문자를 자주 보내더군요. '언니, 이태원 작은 바에서 친구들이랑 놀 건데 올래?' '친구랑 삼성동 외국인 친구네서 하우스 파티 하는데 같이 갈래? 이쁘게 하고 같이 가자!' 시간도 돈도 체력도 턱없이 모자라 놀지 못하는 제 사정을 잘 모르거든요. 교회에 한 번도 가본 적 없다는 이 친구가 어느 날 교회라는 곳이 정말 궁금하다더라고요.

슈퍼우먼 리디아

엊그제 그 친구 집에 가니 여러 나라 친구들이 모여 파티를 즐기고 있었습니다. 낯도 가리고 말도 안 되는 저는 10분쯤 자리를 지키다가 인터뷰를 핑계로 방으로 피합니다. 그 친구는 한국에서 나고 자란 사람인데도 외국인 친구가 많았습니다. 작고 쌍꺼풀 없는 눈매, 동그란 얼굴, 영어 섞인 말투, 까무잡잡한 피부와 자유분방한 성격에 영어와 한국어가 거의 똑같이 편한 그 친구 이름은 리디아입니다.

제가 쓴 책을 영어로 번역하고 싶다며 연락을 해와서 만나게 된 첫날, 그 친구는 이태원에 있는 작은 바에서 동시통역을 하고 있었습니다. 영화 〈소원〉에서 소원이 아빠의 실제 모델이 된 분을 모시고 '혁신적인 목소리Disruptive Voices'를 주제로 워크숍을 하는 자리였죠. 한 달에 한 번씩 다양한 인종의 외국인 친구들을 모아 함께 고민하고 알고 싶은 주제로 하는 혁신적인 목소리를 듣고 생각을 나눈다고 했습니다.

그곳에서 오가는 질문들은 제가 일한 여성 단체에서 연간 담회에서 나눈 이야기들보다 훨씬 현실적이고 삶에 맞닿아 있었습니다. 딱 달라붙은 굽 높은 검은 부츠와 검은 스키니 진, 검은색 슬리브리스 쫄티. 이 완벽한 패션에 어우러진 마르고 탄력 있는 몸매와 섹시한 눈매, 동시통역 능력까지, 여자인 제가 봐도 홀딱 반할 만했죠. '참 잘났다! 외모, 스펙, 실력 다 잘났다!' 저렇게 똑똑하고 잘난 여자가 왜 돈도 안 되는 힘든 일을 하는지 궁금해졌습니다.

상처를 치유하는 상처 입은 사람

몇 주 뒤, 번역 문제 때문에 그 친구를 만났습니다. 인디언 소녀 같은 모습이 지난번하고 사뭇 달랐습니다. 어딘지 모르게 귀엽고 엉뚱한 모습이었죠. 유치원에서 아이들에게 영어 노래를 가르치고 오는 길이라는 말을 들으니 그날 의상이 똑떨어져 보였습니다. 간단히 밥 먹고 그 친구 집에 가서 한잔하는데, 친구가 대뜸 묻습니다.

"언니 아빠, 목사였잖아? 지금 어디서 뭐해? 나 그 사람 만나보고 싶어. 어떻게 사는지 확인하고 싶어. 언니 책 보니까 그 사람 우연히 다시 마주친 데가 어느 산 속에 있는 기도원 같은 곳이라고 했잖아. 그 사람 여전히 목사 해?"

"잘 모르겠어. 알고 싶지도 않고……. 아무튼 기도원 같은 데 들락거리는 거 보면 걱정되기는 해. 또 어떤 사기를 칠지. 나나 우리 가족들 괴롭힐까 봐 연락 없이 지내는 정도만으로 안심하고 있어."

"그래, 언니는 안 보는 게 좋을 거 같아. 근데 나는 그 사람 진짜 꼭 한 번 보고 싶어. 언니한테 그런 짓 해놓고 잘살고 있는지 보고 싶어. 나, 소원이 가해자도 만나보고 싶잖아. 진짜 그런 사람들 나중에 어떻게 사는지 보고 싶어. 근데 가장 궁금한 건, 언니 아빠는 계속 목사 하고 있어도 사실 아무도 그 일은 모르는 거지?"

"그럴 수도 있겠지, 뭐. 사람들한테 얘기하겠어? 게다가 옛날에 감옥에서 나온 사람이라서 지금처럼 성범죄자 신상을 공개하는 데 해당하는지도 모르겠어. 아무튼 별로 신경 안 쓰고 싶어. 나한테 해코지만 안 하면 좋겠어, 지금은. 근데 리디아, 너는 뭐가 문제야? 이렇게 잘난 사람이, 상처가 뭐야?"

"나도 부모님들이랑 좀 힘들었어. 간단히 말하면 어릴 때는 엄청 놀던 내가 이대 국제학부 들어가니까 되게 좋아하더라구, 부모님이."

"그렇구나. 사실 난 요 근래까지 '하나님, 저요, 뽀뽀도 키스도 너무 하고 싶고, 남자랑 잠도 자고 싶고, 섹스도 하고 싶어요' 하고 기도했는데. 어떤 날은 그런 내가 불쌍하고 처량해서 눈물까지 막 흘리면서 기도했다니까. 내가 뭐 큰 거 바라는 것도 아니고, 평범하게 결혼해서 가정 이루고 안정되게 살고 싶은 건데……."

"와, 그런 것까지 기도해? 나는 하나님 안 믿지만, 언니한테 진짜 맞는 사람, 좋은 시간에 준비되면 주실 거 같아."

"진짜? 자기가 그렇게 얘기해주니까 진짜 그래 주실 거 같네. 근데 나는 니가 신기해. 다른 사람들 문제에 관심 갖는 게 말이야. 그런 관심의 원동력이 뭐야? 하나님 믿는 사람들은 신앙심으로 그러는데, 너같이 놀기 좋아하는 애가 왜, 뭣 때문에?"

"음……나도 나름 어릴 때 부모님들이랑 힘든 일 때문인지 폭력 피해를 받는 사람한테 관심이 있는 것 같아. 특히 커서 성폭력을 당한 때 가족은 도움이 안 됐는데, 오히려 주변 사람들, 친구들이 도와줘서 큰 힘이 됐어. 그래서 내가 그런 사람이 되고 싶었어. 변화는 뭐 크게 시작되는 게 아니라고 생각해. 한 사람이 시작하면……'혁신적인 목소리' 모임에 오는 친구들, 비슷한 일을 겪은 사람들이 힘을 얻고, 목소리를 내고, 자기 애인, 지인이 그런 일 있었다면서 이야기를 나누고, 그렇게 한 사람씩 한 사람씩 변화가 가능하다고 생각해."

그날 우리 둘은 정말 끝까지 갔습니다. 술 마시다 잠든 리디아를 침대에 잘 눕힌 뒤 소파에 앉았습니다. '짜식, 너도 상처 있구나. 근데 잘 컸네!' 첫인상하고 전혀 달랐습니다. 자기 상처도 깊은데 다른 사람들 아픔에 관심을 갖는 이 요상한 여자는 뭔가 싶었습니다. 매주 파티에 클럽, 바에 놀러 다니느라 바쁘고, 직접 디자인한 옷을 만들어 파는 온라인 쇼핑몰을 운영하고, 모델 일을 하고, 유치원에서 영어 노래를 가르치고, 기업에 영어 강사로 출강하고, 비영리 단체에서 해외 사업 지원 업무를 하고, 제가 낑낑대는 토플은 120점 만점에 118점이나 받는, 아무튼 정말 정신없어 보이는 이 여자, 신기하게도 상처를 치유하는 따뜻한 마음이 있었습니다. 상처 입은 사람을 돕고 싶어하고, 할 수 있는 만큼, 아니 넘치게 돕고 있었습니다.

교인들은 알 수 없는 목사의 자격

그런 리디아가 교회라는 곳이 궁금하다는 겁니다.

"언니, 선생님 되기 진짜 어렵잖아? 자격 갖추려면 공부도 엄청 해야 하고, 시험도 봐야 하고, 국립 학교는 나라에서 다 관리하고, 그치? 범죄 저지르면 기록에 다 남고. 의사도 완전 힘들잖아. 병원 가면 의사가 어디서 무슨 공부했는지 면허증도 다 붙여놓고, 누구나 볼 수 있게. 교회에서 목사는 어때? 목사들도 자격 갖추려고 공부하고, 자격 따는 과정 있어? 자격 따려면 어려워? 범죄 경력 같은 거는?"

"잘 모르겠지만 별로 어렵지는 않은 거 같아. 원래는 신학

대학원을 나와야 하는데, 워낙 '야매 신학교'가 많아서 학력 검증 잘 안 되는 목사도 꽤 될 거야. 가톨릭처럼 중앙에서 신부를 관리하는 체제가 아니어서 범죄 이력도 모르는 거지 뭐."

"내가 외국인 친구들한테도 물어봤는데, 자기네 나라에서는 목사 되기 어렵다는 애들도 있었어. 암튼 우리나라는 그런 거 좀 제도화하면 좋겠어. 의사는 몸을 고치는 사람이라면, 어떻게 보면 목사는 사람들 영혼을 대하잖아. 얼마나 중요한 일인데 그렇게 자격 관리가 안 되고 있대? 교회에서 그런 거 신경써야 하는 거 아냐?"

"그러게……중요한 질문이네. 그런데 어디에 얘기해야 하는 걸까?"

"아무튼 목사도 교사나 의사처럼 자격 검증 받고, 범죄 이력도 다 표시되면 좋겠어. 교인들이 당연히 알아야 하는 권리잖아."

교회에 젖어 살아온 저는 이미 알고 있다고 생각하고 무심하게 넘겼습니다. 아는 선배가 담임 목사가 됐는데, 그 선배의 학력도 알고 범죄 이력이 없는 사람이라는 사실도 아니까 별로 신경쓰지 않았습니다. 생각해보니 언젠가 시골 한 교회당에서 한글도 잘 모르는 목사가 교리에도 맞지 않는 이상한 이야기를 설교라고 하는 꼴을 보다가 혼자 조용히 자리를 피한 기억이 떠올랐습니다. 나 혼자만 그런 목사 피하면 된다는 이기적인 생각이었죠. 리디아의 질문을 듣고 궁금해졌습니다. 누가 이 질문에 답할 수 있을까, 어떻게 이 문제를 풀 수 있을까, 한국 기독교에 그런 변화가 일어날 수 있을까…….

한국 기독교 목사들의 창피한 발언과 행동이 끊이지 않고 있지만, 이런 질문에 건강하게 반응하고 변화를 이끌어낼 수 있을지, 아니 질문이 제대로 전달이나 될지 궁금합니다. 사실 교회에서 말할 기회가 가장 많고 말하는 시간이 긴 사람은 목사입니다. 그런 목사들이 교회에서 한 시간 넘게 설교를 하면서 하나님 말씀만 잘 전하고 있는지는 알 수 없습니다. 성경 말씀은 장식일 뿐이고 정작 자기가 하고 싶은 말로 간을 맞추는 듯할 때도 많습니다. 정치적 성향과 성적 지향을 지나치게 명확하게 드러내는 말을 들으면서 불쾌하던 기억도 있고요. 하나님의 대언자라는 구실을 제대로 하고 있는지 잘 모르겠습니다.

교회에서도 힘없고 배경 없고 자신감 부족해서 제 목소리를 내지 못하는 이들에게 좀더 귀기울이고 싶지만, 아예 교회를 모르는 리디아 같은 이들이 교회에 관해 묻는 질문도 종종 듣고 그네들 목소리로 우리를 돌아보는 시도도 좋겠다 싶습니다. 어떤가요? 아무튼 오늘은 리디아가 묻습니다.

"목사님, 영혼을 치유하는, 그리고 하나님의 목소리를 전하는 자격, 갖고 있나요?"

추신

자유로운 영혼을 지닌 리디아는 한 공중파 방송의 리얼리

티 프로그램에서 '야생녀'라는 별명을 얻어 포털 검색어 1위에 올랐답니다. 한참 개념 없다, 부담스럽게 자유분방하다, 일부러 영어를 섞어 말한다, 뚱뚱하다 등 악플이 넘쳤죠. 텔레비전에 나오는 모습만 보고 한 사람을 판단하는 일은 참 위험합니다. 그야말로 '새발의 피' 아닙니까? 제가 아는 리디아는 사려 깊고, 다른 사람을 위할 줄 알고, 영어를 진짜 잘하고, 모델을 할 정도로 몸매도 좋거든요.

원초적인 기도는
믿음이 없는 건가요?

서울주택도시공사(SH공사) 원룸 임대 공고가 떴으니까 신청해보라고 후배가 알려줬습니다. 오스트레일리아에 살면서도 서울 사는 저보다 정보가 빠삭합니다. 지금 내는 월세의 절반 정도에 깔끔하고 안전한 원룸에 살 수도 있다는 말에 처음에는 별로 기대하지 않았습니다. '되겠어? 한두 사람 신청하는 것도 아닐 텐데…….' 그래도 혹시나 행운을 기대하면서 인터넷으로 입주 신청을 했습니다. 심지어 오랜만에 하나님께 솔직하게 기도도 드렸습니다. 어떤 기준으로 입주자를 정하는지 모르지만 지금보다 임대료도 착하고, 안전하고, 깔끔한 곳에서 살고 싶다고요.

믿음 가는 돈줄

그렇잖아도 두어 달 뒤면 계약이 끝나서 주인아주머니가 월세를 올려달라면 어쩌나 걱정하던 때라 기도가 더 간절해졌습니다. 좀 없어 보이기는 하지만 저는 스스로 뭔가 해볼 수 없는 영역에서는 하나님 앞에서 완전 작아지고, 초라해지고, 비굴해지기도 합니다. 그런 영역이야 얼마든지 많지만, 돈 문제는 더욱 그렇습니다.

꼭 필요한 정도 말고는 욕심을 부리는 편이 아니어서 빚지고 산 적은 거의 없습니다. 그렇다고 여윳돈을 쌓아놓은 적도 없는 제 삶에서 가장 큰 깨달음 하나는 '돈은 진짜 내 것 아닌 하나님 것!'이라는 사실입니다. 단돈 2만 원을 들고 집을 나와 지금까지 굶어 죽지 않고 살아남은 제게 하나님은 더더욱 믿음이 가는 돈줄입니다. 요즘처럼 돈도 안 벌고 공부만 하는 때는 더더욱 그분밖에 기댈 데가 없습니다. 공부한다는 핑계로 새벽 기도도 금요 기도도 거의 못 갔는데, 하루는 작정하고 새벽 기도를 가서 짧고 굵게 기도했습니다.

"하나님, 살 곳을 책임져주세요. 부탁할 곳이 아무데도 없어요. 저는 주님밖에 없습니다."

맨날 나한테 필요한 것만 달라고 하는, 진짜 없어 보이는 생양아치 기도였죠. 신실한 신자들이 들으면 더 그런 느낌이 들 테지만, 어쩔 수 없죠. 지금 제 진심이니까요.

이기적인 기도에도 응답하는 하나님?

1차 선정자 명단이 발표되는 날, 이른 아침부터 홈페이지에 들어가도 깜깜 무소식이었습니다. 발표는 오후 4시였습니다. 한 시간 한 시간이 아주 천천히 흘렀습니다. 길게만 느껴지는 하루였습니다. 학원에서는 인터넷을 못하기 때문에 오후에는 아예 수업만 들었습니다. 오후 6시가 넘어서야 핸드폰을 꺼내 확인하려는데 오스트레일리아에 사는 후배가 보낸 메시지가 왔습니다. 제 이름이 들어 있는 1차 선정자 명단을 캡처한 화면이었습니다. '이게 뭐지? 예전에는 뭘 신청해도 잘 안 되더니 어떻게 이게 됐지?' 잘 믿어지지 않았습니다. 몇 년 전에는 1차 명단에도 끼지 못했거든요. 2차 심사에 필요한 서류를 내는 첫날, 일찍 내면 왠지 결과가 좋을 듯해서 이른 아침 서둘러 에스에이치공사에 갔습니다.

"2차 심사에서는 뭐가 중요한 기준이 되나요? 제가 잘 몰라서요."

신입인 듯한 담당자는 서류를 찾아보고 선배인 듯한 다른 직원에게도 물어봤습니다.

"서울에서 거주한 기간이 가장 중요합니다. 길면 길수록 유리해요."

"네, 알겠습니다. 감사합니다."

어느 정도가 안정권인지 알고 싶은데 담당자는 잘 모르는 눈치였고, 서류를 내러 온 나이든 아주머니를 보니 괜스레 불안해져 물을 수 없었습니다. 서류를 내고 돌아오는 길, 되려면 어떻게든 되고 안 되려면 어떻게 해도 안 될 테니까 평안과 만족하는 마음을 구했습니다. 불안과 불만이야말로 제가 늘 멀리하고 싶은 마음 상태거든요.

2차 심사 기간은 1차 때보다 두 배 정도인데, 족히 두 달은 지난 느낌이었습니다. '진짜 될까? 안 되면 당장 다음달 월세는 어떻게 하지? 주인아주머니랑 어떻게 이야기하지? 이사를 가야 한다면, 돈도 없는데 집을 구할 수 있을까?' 마구 불안한 정도는 아닌데, 공부하는 틈틈이 이런 생각이 밀려오면 눈물이 주르륵 흘렀습니다. 그런 날에는 공부한 것들이 어디로 휙 날아가고 머릿속에 아무것도 안 남을 듯해 일찍 자버리지만, 누워서도 눈물이 흘렀습니다.

최종 입주자 명단이 발표되는 날, 새벽부터 눈이 떠졌습니다. 무작정 인터넷을 열었습니다. '아차차, 늦은 오후에 발표한다고 했지. 명단은 벌써 나와 있을 텐데 왜 그렇게 늦게 올린데? 전화해서 물어보면 알려주려나?' 전화하고 싶지만 겨우 참고 기다렸습니다. 하루가 길다 못해 오늘 안으로는 이 하루가 끝나지 않을 듯한 느낌까지 들었습니다. 마침 학원 수업도 종강하는 날이라 기분도 시원섭섭하던 차에, 당첨이 안 되면 주인아주머니 만나서 계약 연장이나 잘 얘기해봐야지 하는 다짐마저 하고 있었습니다.

수업이 끝나자마자 휴대폰을 켰습니다. 제가 굳이 알아볼 필요도 없이 오스트레일리아 사는 후배가 친절하게 인증 숏을 보냈더라고요. 제 이름이 최종 입주자 명단에 있는 겁니다. 눈물이 핑 돌았습니다. 하나님이랑 뭔가 직접 소통하지 않는 듯하고, 요즘 교회도 못 정해 예배도 못 드리고 지내거든요. 그런데 그 짧고, 이기적이고, 나만 위하는 기도를 들어주셔서 신기하고 감사했습니다.

다시 시작되는 '걱정병'

집에 와서 2년 동안 적지 않은 월세를 내고 산 방안 구석구석을 바라보는데 저도 모르게 눈물이 또 주르륵 흐릅니다. 어서 이사 모드로 전환해야 합니다. 버릴 물건들 챙겨서 버리고 필요한 짐만 남기는 정리부터 시작해야 합니다. 인생은 나그넷길이라던데 왜 이런저런 짐들이 작은 언덕처럼 쌓였는지, 무엇부터 버려야 할지 또 걱정입니다. 이사하려면 돈도 들 텐데, 학원 다니면서 혼자 다 할 수 있을까? 다음주에는 난생처음 토플 시험도 봅니다. 월요일에는 이른 새벽에 일어나 학원에 가야 합니다. 머리가 지끈거렸습니다. '하나님 고맙습니다!'고 말하기 전에 '걱정병'이 시작된 겁니다. 이미 받은 것에 감사하기도 전에 새로 시작되는 걱정들…….

마음을 추스르고 입주하는 데 필요한 일들을 포스트잇에 적어봅니다. 일단 계약금부터 넣어야 하는데 우편물이 도착하지 않았습니다. 그러고 보니 택배가 본인 수령이 안 돼 우체국에 보관 중이라는 문자를 본 듯합니다. 학원에서 수업만 마치고 우체국을 찾아가 서류들을 손에 집어 든 뒤에야 '아, 내가 진짜 입주자 맞구나' 했습니다. 일단 계약금부터 넣고 담당부서에서 입주 절차를 안내받았습니다.

"정말 행운이에요. 여기 이 집은 특히 더 좋은 곳이에요."

"그래요? 제가 잘 몰라서 오스트레일리아 사는 후배가 알려줘서 신청했는데, 이렇게 돼서 저도 진짜 신기해요."

"정말요? 어휴, 그 후배한테 맛있는 밥이라도 사셔야겠네요. 공사에서 내놓은 집 중에서도 위치가 진짜 좋아요. 앞으로 20년 동안은 특별한 일 없으면 그 집에서 그냥 지내시면 되는 거니까요."

"네? 정말요? 정말 몰랐네요!"

"진짜 그런 거 하나도 모르고 하셨어요? 후배한테 한턱 단단히 내셔야겠어요!"

이게 뭐지 싶었습니다. 거기에서 20년 동안 쭉 살지 말지는 모르지만, 집도 절도 없어 불안하던 마음속 깊은 곳에서 뭔가가 싹 사라지는 느낌이었습니다. 정말 신기한 건 이 느낌이 뭔지 잘 모르겠다는 겁니다. 당첨 소식을 알리는 친구가 저보다 훨씬 더 기뻐하고, 그 소식을 전해들은 친구들이 자기 일처럼 기뻐했습니다.

어떤 친한 선생님은 이사한다고 하니까 이러시는 겁니다.

"원순이 형 만세!"

고마움도 모르는 파렴치한인지 모르겠지만, 저는 기쁨보다는 지금 이게 무슨 상황이지 싶었습니다. 기쁨을 느끼는 감각이 사라진 건가 싶기도 하고, 왜 이러지 싶어 좀 답답했습니다. 답답한 마음을 뒤로한 채 앞으로 살게 될 집을 한번 찾아가보기로 했습니다. 실물을 보면 좀더 실감나고 기뻐질까 싶어서요. 가는 날이 장날이라고 문이 잠겨 있어서 겉모습만 살피다가 돌아왔습니다.

아무튼 계속 뭔가 기뻐해야 할 일이 있는데도 기뻐할 능력을 잃은 듯한 어정쩡한 상태로 한참을 지냈습니다. 어쩌면 감사를 모르는, 구하면 구하는 대로 다 주시는 아버지를 둔 못난 막내딸의 어리석음 같은 것인지도 모르겠습니다. 창피했습니다, 마냥.

몇 주 뒤 입주 준비를 하느라 다시 집을 보러 갔습니다. 그때 제가 살게 될 집 맞은편 길가에 걸린 아주 샛노란 현수막을 봤습니다. 에스에이치공사 임대 주택을 반대하는 문구였습니다. 이사 온다고 현수막까지 걸고 맞아준 곳은 없었는데, 여기서 처음 경험하게 됐네요. 이삿날이 '기대'됐습니다. 지역 주민들이 저를 싫어하는 동네에서 사는 느낌은 어떨지 상상이 되지 않았습니다.

"수입도 적고, 서울에서 오래 살았는데 자기 집도 못 사고, 게다가 자발적인지 비자발적인지 모를 1인 가구인데, 그것만도 서러운데, 저건 좀 너무 했다……."

집값이 너무 착해서 에스에이치공사 임대 주택이 들어오면 주변 집값이 떨어진답니다. 주민들이 내건 유치한 현수막을 보니 진짜 귀한 선물 같은 집이구나 싶었습니다. 살아오면서 지금처럼 전철역에 가까운 집도 진짜 처음입니다. 갈 일이 그다지 많지는 않지만 강남역도 20분 안에 도착한다고 하니 참 놀랍습니다. 완전 땡잡은 겁니다. 그 짧고 얄팍하고 소원만 비는 기도를 들어주시다니…….

원초적 기도와 믿음

가만 생각하니까 하나님은 제 원초적인 기도를 많이도 들어주셨습니다. 아무래도 의식주에 관련된 기도가 많은데, 입는 것과 먹는 것에는 별다른 제한을 붙이지 않았지만 집에는 나름대로 조건을 많이 달았습니다. 싸고, 네모반듯하고, 창 열면 시원한 바람이 부는 곳, 작더라도 지하는 아닌 곳, 들어가서 쉬고 싶고, 아침에는 눈부신 햇살에 눈 비비고 일어나 배 시시 웃고 하루를 시작할 수 있는 곳, 빨래랑 이부자리를 햇살 냄새 담아 말릴 데가 따로 있는 곳 등 소박하지만 구체적인 소원을 지니고 있었습니다. 아무튼 그 꿈이 다 이루어졌습니다. 제 인생에서 처음으로 베란다까지 생깁니다. 꿈같은 일이고, 감사한 기적입니다.

문득 궁금해집니다. '너희는 먼저 그의 나라와 그의 의를 구하라' 하셨는데, 대학부 선교 여행을 가서는 믿지 않는 영혼들을 위한 기도가 세상에서 가장 간절한 기도인 줄 알았는데, 신실한 믿음의 선배들은 더 고귀한 가치를 위해 기도해야 한다고 책도 많이 쓰셨는데, 여러분은 어떠세요? 기도에 관해서는 저는 늘 쪼그라듭니다. 우리가 모두 하나님 나라에 들어갈 나그네라지만, 저는 그곳에 가기 전까지는 이 땅에 발붙이고 살아야 해서 그런지 의식주 기도를 많이 하게 되더군요. 입사 준비 때는 취직이 기도의 8할을 차지했고, 남자 친구를 사랑할 때는 그 관계가 그랬습니다. 엊그제까지는 임대 주택에 당첨되게 해달라는 기도였고요. 사람은 어떤 필요가 해결되고 나면 그다음 필요가 절실해지나 봅니다. 저 같은 영어 바보에게는 토플 점수 같은 것 말이죠.

햇살 드는 창가 책상에 앉아 있는 오후 2시 40분, 추석 연휴가 하루 남은 시간, 혼자 집에 앉아 쫄쫄 굶어서 배가 고픈지 '먹을 것'에도 엄청 무게가 실리네요. 그런데 이렇다고 믿음이 없는 걸까요? 오히려 이런 기도하면서, 뭔가 내 손에, 내 삶에 보이는 것을 바라는 마음만큼 실제적인 믿음이 있을까 싶기도 한데, 여러분 생각은 어떠세요?

저 사람들의
일인가요?

광화문 사거리를 지날 때였습니다. 버스 창밖에 세월호 천막과 유가족, 시민들 모습이 보이니까 어떤 아저씨가 한마디 던집니다.

"저 사람들 아직도 저러고 있어? 언제까지 저럴 거래?"

저는 그 말을 하는 아저씨를 매서운 눈빛으로 쳐다보고 말았습니다. 눈이 마주친 아저씨는 얼른 고개를 돌리더니 일행하고 다른 이야기를 합니다. 당장 묻고 싶었습니다. 아저씨는 당신 아이가 세월호에 갇혀 죽었어도 그런 말을 할 수 있나요?

저는 자식 잃은 부모의 심정을 모릅니다. 언니나 동생을 잃은 심정도 아직 가늠하지 못하겠습니다. 같은 나이에 학교를 다니던 또래 친구나 선배, 동생이 주검으로 사라지는 현실에서 10대들이 느낄 감정도 저는 상상할 수 없습니다. 그렇기는 해도 저는 그날 이후 세월호에 관해 많이 생각하고 느껴왔습니다.

비극이 일어난 그즈음에는 세월호에 관한 글을 차마 쓸 여력도 없었습니다. 아니, 쓸 자신이 없었습니다. 그냥, 마냥 미안한 마음을 달랠 수도 없었고, 가볍게 떠오르는 단상을 끄적

일 수 있는 주제도 아니라는 생각에 1년 동안 쓰고 지우고 다시 쓰기를 반복했습니다.

저 사람들

사건 당일 일기처럼 끄적인 메모가 있습니다. 2014년 4월 17일 밤 12시, 1시 언저리인 듯합니다. 직장을 관두고 학원만 다니면서 느긋한 하루하루를 보내던 저는 이 청천벽력 같은 뉴스를 접하고는 잘 쓰지 않던 일기 비슷한 글을 썼죠.

세월호ㅠㅜ.

어제 아침 내가 시험 보고 동동거리고 있을 때,

많이 틀린 것 같다고 침통해하고, 시험 범위 아닌 엉뚱한 데 외워서 시험 죽 쑤고,

외워야할 것들 버벅대면서 삐질삐질 외우고 있을 때,

생각만큼 잘 되지 않아서 "망했어, 망했어" 하며 속상해하던 그 순간에 이리도 큰 일이 일어나 있었다니.

나도 모르게 눈물이 났다. 이 밤 나는 또다시 내일 시험 볼 것들을 붙들고,

잔잔한 93.1과 포근한 잠자리에 있지만.

누군가는 애태우며 검은 바다 속에서 가족들이 살아 돌아오길 바라며 바라보고 있겠지.

또 누군가는 아직도 차가운 바닷속에서 살아 돌아갈 수 있기를
바라기도 하겠지.

눈물이 나는데 무엇 때문인지 정확히는 모르겠다.

그냥 어제의 내가 너무 한심해 보인다.

내일도 나는 내일 또 시험을 보고 있겠지…… 열심히 공부는 할
건데…….

작은 것에 일희일비하지 말아야겠다.

뭐라 표현해야 할지 모르겠지만 조금 더 멀리, 크게, 넓게 보면서
살아야지 싶어지는 밤이다.

그날 밤 저는 궁금했습니다. 내가 왜 이렇게 슬프지? 나도
나이가 들었나? 타인에게 닥친 슬픔인데 내 가슴이 왜 이렇게
미어지지. 왜 눈물이 흐르고 또 흐르는 걸까. 답은 몰랐지만
급하게 구하고 싶지도 않아서, 그냥 늘 그 질문들을 가까이
뒀습니다.

이래저래 연결된 우리들의 이야기

세월호 사고가 나고 며칠 뒤에 막내 올케가 문자를 보냈습
니다. '언니, 저 단원고 자살한 교감 선생님 문상 가요, 고등학
교 때 제 은사님이셨어요. 정말 좋은 분이셨는데…….' 저는
당장 올케에게 전화를 걸었죠.

"무슨 소리야?"

"세월호 뉴스 나왔을 때는 어머 '안 됐다, 애들' 이랬는데, 저 고등학교 때 은사님이 거기 교감 선생님이신 거 있죠. 저도 친구들이랑 연락돼서 같이 장례식장 가보기로 했어요. 정말 남의 일이라고 생각했는데……. 그게 아니구나 싶어서 이번에 소름 끼쳤어요. 정말 좋은 분이셨는데."

"아, 진짜 이게 남 일이 아니구나, 멀리 있는 일이 아니구나. ……잘 다녀와."

그냥 모르는 사람들, 나하고는 어떤 연관도 없는 사람들의 죽음이 성큼 내 곁에 가까이 느껴진 순간이었습니다. 수학여행을 추진한 담당자이면서 아이들을 두고 살아 나온 죄책감 때문에 생을 마감한 교감 선생님을 다룬 뉴스를 스마트폰으로 읽을 때하고는 차원이 다른 감정이 밀려왔습니다.

몇 달 뒤 어떤 행사에서 안산에 사는 한 아버님을 만났습니다. 그분은 단원고 학부모가 아니지만 세월호 가족들이 당하는 고통과 안산이 겪는 어려움에 대해 담담히 이야기했습니다.

"내 딸아이 중학교 때 친구들이 단원고에 간 애들이 있었던 거야. 그랬다가 이번에 많이 죽은 거지, 지 친구들이. 그 일 이후 집에서 엄청 우울해하기도 하고, 엄청 짜증도 내고 화도 내고 그래. 아주 모두들 살살 피하고, 비위를 맞추고는 있는데. 너무 힘들어하는 것 같아. 안산시는 완전 지금 죽은 도시야. 시장에 가도 사람이 없고, 식당에 가도 사람이 없고. 다들 넋이 나간 것 같다니까. 이러다가 안산시 경제가 올스톱 될 지경이라니까."

일하면서 몇 번 만난 분의 가족이, 그리고 그분이 살아가는 도시 전체가 세월호하고 함께 고통스런 시간을 보내고 있다는 말을 들으니 다시 한 번 세월호는 남의 일이 아니구나 싶었습니다. 제가 뭔가 할 수 있는 일은 없었지만 그분이 마음껏 이야기할 수 있게 돕고, 듣고, 고개 끄덕이고, 아픈 마음을 나눌 시간이 절실하다는 생각이 들었습니다. 어딘가 낯선 사람들만 겪는 뉴스가 아니었습니다. 저 멀리 경기도 어디에 사는 남모르는 누가 아니라, 아주 가까운 이들의 사랑하는 친구가, 선생님이, 딸이, 아들이 죽어간 비극이니까 남의 일이 아닌 겁니다. 그래서 그렇게 아팠나 봅니다.

남의 일, 나의 일

세월호 이후에는 러시아와 한국을 오가는 페리를 타고 동해 바다에서 겪은 일도 떠올랐습니다. 러시아 여행을 마친 뒤 한국으로 돌아오는 길이었습니다. 무척 큰 배라서 히노키탕도 있었습니다. 긴 여행에서 쌓인 여독도 풀 겸 히노키탕에 들어가 따끈한 물에 몸을 담갔습니다. 물에 젖은 나무 냄새가 참 기분 좋다고 생각하고 있는데, 갈수록 거칠어지는 파도 때문인지 탕 안의 물도 파도처럼 요동쳤습니다. 저녁때부터 파도가 심해진다는 예보를 듣기는 했지만 덜컥 겁이 났습니다. 조금 있으니까 선내 방송이 나왔습니다. 파도가 너무 심하니 목욕탕이나 식당, 면세점을 이용하는 손님들은 모두 객실로 돌아가라는 말이었습니다.

저는 얼른 단체로 쓰는 침대칸으로 돌아와 커튼을 닫고 자리에 누웠습니다. 배는 점점 더 심하게 흔들렸고, 이러다 이 어두운 바다에서 죽는 게 아닐까 걱정도 됐습니다. 그래도 저는 제 자리에 있었습니다. 선내 방송이 나와도 돌아다니는 사람들은 계속 돌아다녔습니다. 자기 자리에 머무르라는 스태프들을 믿고 뱃멀미를 하면서도 자리를 지켰죠.

세월호 사건 담당 검사가 한 말이 떠오릅니다. "아무 잘못 없는, 선내 대기 지시만 따른 착한 학생들이 '엄마, 아빠 사랑해요'라는 말을 남기며, 탈출을 시도하지 못한 채 갇히고 말았습니다."

시커먼 파도가 치던 동해의 밤바다가 떠오릅니다. 잠깐 세월호 안으로 장소 이동을 해봅니다. 소름이 끼칩니다. 그래서 세월호는 남의 일이 아닌 겁니다. 우리 곁의 소중한 사람들에 연관된 일이기도 하고, 나 자신이 겪을 수도 있으니까요.

세월호 희생자를 기리는 '추모의 숲'이 조성된다고 합니다. 배우 오드리 헵번의 아들인 션 헵번이 기부한 나무들이 무럭무럭 자라면서 세월호를 기억하는 우리 마음도 함께 자라나기를 바랍니다. 일상을 살아가려면 잊어야 하고 '저 사람들의 일'로 묻어둬야 마음이 편해지는 지나간 뉴스가 아니라, 언제나 기억하고 추모해야 하는 '우리들의 일'로 말입니다.

'우리의 소원은 통일', 진심인가요?

먼저 저는 어렵습니다. 어릴 때부터 〈우리의 소원은 통일〉을 부를 때 마음이 편하지 않았습니다. 소원하지 않는데, 가사를 보면 절절하게 꿈속에서도 소원한다고 노래해야 해서 불편했습니다. '이 정성' 다해서 통일을 이룬다는데, 저는 어떤 정성도 쏟아붓지 않았습니다. 통일이 북한에는 조금 좋을지 모르지만 남한에는 도움보다는 부담이 된다는 생각도 했습니다. 살면서 요즘처럼 돈 벌기도 노후 준비도 어려운 때가 언제 있었습니까? 아무튼 모두 한 치 앞이 불안한 요즘 도대체 통일을 소원할 여유가 어디 있겠느냐는 말입니다. 먼 얘기 같고, 남 얘기 같고, 내가 소원하지 않아도 크게 나쁘지 않을 듯한 통일, 당신은 진정 소원합니까?

통일이 싫은 사람, 통일은 당위라는 사람

"저요? 저는 통일 싫은데요. 지금도 살기 힘든데, 우리보다 더 힘든 북한하고 합치면 더 살기 어려워질 거 아니에요. 게다가 세뇌당한 사람들하고 어떻게 같이 살아요, 겁나서."

　탈북자들이나 다른 나라에서 일하고 있는 북한 노동자를 만나기 전까지 저는 너무도 당당하게 통일을 절대 반대하는 사람이었습니다. 북한 사람들을 만나고 난 뒤 절대 반대에서는 한걸음 물러섰지만, 그렇다고 통일이 '우리의 소원'이라고 노래 부를 수는 없는 사람입니다. 그러다가도 6월이면 이런 저 자신이 한없이 부끄럽고, 많은 분들에게 미안합니다. 오늘은 마음속 미안함을 털고 싶은 마음을 담아 글을 쓰려 합니다. 저부터 미안함과 부끄러움을 털어내고 조금 더 달라지고 싶은 마음 간절합니다.

　쉽지는 않습니다. 지금 이 글을 쓰기 시작하는 데도 몇 주가 걸렸습니다. 머리에서 아무리 '이 주제로 써볼까?' 해도 나중에 행동으로 옮기지 못할 듯한 글은 잘 쓸 수 없습니다. 모든 사람이 그러하듯 질문을 던질 때는 나름대로 어떤 답을 갖고 있어야 하는데, 그 답이 없는 것보다 못한 답인 듯할 때는 더더욱 글을 쓸 수 없습니다. 지금이 딱 그렇습니다.

　저만의 생각일까요? 여러분은 어떠세요? '이 질문 저 질문 다 하더니 쓸거리가 떨어졌나, 왜 뜬금없이 통일이래?' 하시나요? 제게 통일은 무거우면서도 가까운 주제입니다. 어릴 때부터 뜬금없이 친구들에게 던져댄 질문이었습니다. 며칠 전에도 함께 사는 동생하고 이런저런 이야기를 나누다가 맥락 없이 물었습니다.

　"○○야, 너는 진짜 통일을 바라? 됐음 좋겠어?"

"통일은……음, 제가 바라고 안 바라고를 떠나서 반드시 돼야 하는 거라고 생각해요."

"왜? 난 사실 통일 싫거든."

후배는 기독교인으로서, 또 한민족으로서 통일은 우리의 소원을 넘어 돼야 하는 당위적 과정이라고 생각하고 있었습니다. 그런 설명을 듣고 나니 또다시 부끄러워지네요. 그런 멋진 이론은 잘 모르겠고, 통일반대론자의 한 사람이던 제 생각이 조금씩 바뀐 시간들을 정리해보고 싶습니다.

사진보다 실물, 이념보다 사람

몇 해 전 일입니다. 중국과 러시아에서 각각 한 달씩 지낸 적이 있습니다. 중국에서 먼저 한 달을 지내는 동안 북한 식당에서 일하는 예쁘장한 접대원 동무들이랑 사탕 선물도 주고받고, 〈우리의 소원은 통일〉을 함께 부르기도 했습니다. 그때만 해도 별 생각이 없었습니다. 그전에 다녀온 금강산 여행 때 만난 북한 접대원 동무들보다 훨씬 개방적이고 말투도 덜 낯설었거든요.

금강산 여행 때 잊지 못할 에피소드가 있습니다. 직장 동료들이랑 금강산으로 워크숍을 갔습니다. 출입국관리소에서 텔레비전이나 영화에서 본 짙은 풀색 군복을 입은 북한 군인을 처음 마주했습니다. 급하게 가느라 지하철 기계에서 찍은 즉석 증명사진을 썼습니다. 간이 여권처럼 생긴 출입증을 보던 북한 군인이 저를 한참 뚫어져라 쳐다봅니다. 맨 앞에 선 저와 제 뒤에 선 동료들 모두 농담도 못하고 '얼음'이 됐습니다. 북한 군인은 사진을 한 번 더 보더니 저를 또 보고는 한마디를 던집니다.

"동무는 사진보다 실물이 낫구나, 야."

"그래요? 고맙습니다."

다들 빵 터졌습니다. 북한에서 먹히는 얼굴 같다며 한바탕 놀려댔죠. 북한 사람을 만나 처음 한 말인데, 정말 뜻밖이었습니다. 북한도 사람 사는 곳이라고 생각하게 된 첫 기억입니다.

그런 기억이 있어서 그런지 중국에서 만난 북한 접대원 동무들은 훨씬 친근하고 편안하게 느껴지고, 가족들이랑 떨어져 타지에서 외화 벌이를 하느라 고생하는 동생 같아서 안쓰러웠습니다.

그런데 중국에 한 달 머무는 동안 무서운 소식을 들었습니다. 지금 어디어디에 탈북자들을 잡아서 모아두고 북송시키려 준비하고 있다는 겁니다. 아는 선교사님은 공안이 하도 잡아들여서 길거리에 탈북자들이 하나도 안 보인다고 말씀하셨습니다. 끔찍했습니다. 강제 북송된 탈북자들이 어떤 처벌을 받는지 듣고 나서는 몸서리가 쳐졌습니다.

제가 중국에 머물 때는 북-중 접경 지역에 철조망을 세우는 작업이 한창이었습니다. 왜 싫다고 떠나는 사람들을 없는 돈에 철조망까지 세우면서 죽이고 가두려 하는지 이해할 수 없었죠. 화가 났습니다. 민둥산에 헐벗은 밭들만 눈에 띄는 북한, 푸르고 풍성한 중국의 산과 들, 논과 밭, 좁다란 강 하나를 사이에 두고 이 둘 사이에 보이지 않는 높은 담이 세워져 있는 듯했습니다. 아, 그래도 싫었습니다. 저 북한이랑 합치는 통일이 싫었습니다. 왠지 모르게 음울하고, 많이 달라져 동포 같지 않고, 뭔가 너무 없어 보이는 북한이랑 한편이 되고 싶지 않았습니다. 안 되기는 했지만 그래도 내가, 우리가 힘들어지는 일은 싫었습니다.

이런 이기적인 마음을 품고서 버스를 타고 러시아로 넘어갔습니다. 러시아에서는 중국보다 자유롭게 탈북자들이 오간다는 이야기를 들었습니다. 적어도 북송은 하지 않는다고 하니 제가 탈북자라면 가는 길이 조금 어렵더라도 러시아를 고려하겠습니다. 북한 사람들에게는 미안하지만 여전히 '통일 NO'를 마음속에 품고 있던 저는 러시아에서 또다시 망치로 맞는 듯한 경험을 합니다. 어느 노숙자를 보고 현지에 계신 선교사님이 알려주십니다.

"저분도 북에서 오신 분이에요. 함께 오던 사람은 총 맞아 죽었고, 혼자만 건너올 수 있었대요."

아무 말도 할 수 없었습니다. 막 국경을 넘어서 뛰거나 헤엄칠 때, 뒤통수에 대고 쏘아대는 총알 사이로 탈출할 때, 함께 뛰던 친구가 뒤에서 털썩 쓰러질 때, 그 두려움과 절망감은 어떻게 헤아릴 수 있을까요? 사랑하는 사람들을 두고 고향을 떠나 그 크고 깊은 상처 가슴에 담은 채 말 한마디 자유롭게 주고받을 수 없는 러시아 땅에서 길거리에 앉아 노숙자로 살아야 하는 사람의 심정은 어떨까요?

그날 예배당에 앉아 있는데 길거리에 앉아 있는 그 사람에게 미안해서 눈물이 흘렀습니다. 정말 당당하게 '나는 통일 싫은데'라고 말하고 다닌 저 자신이 참 인정머리 없는 사람 같았습니다. 아니, 인정머리 없는 사람 맞습니다. 그래도, 그래도 싫습니다, 통일. 저 사람은 그래도 북송은 안 됐으니 다행이지…….

마지막 날에는 북한 식당에 갔습니다. 러시아에서 지내는 북한 접대원 동무들을 만나보고 싶고, 작은 도움이나마 주고 싶은 마음이었습니다. 함께 간 친구들과 선교사님까지 막 점심을 주문하고 기다리는 중이었습니다. 선교사님 휴대폰이 울립니다.

"뭐? 죽었다고? 언제? 오늘?"

저는 선교사님 아는 분이 돌아가셨나 싶었습니다.

"누가 돌아가셨어요?"

"응, 너네들도 아는 사람. 너네 위원장 돌아가셨대."

접대원 동무의 하얀 얼굴이 붉어지더니 닭똥 같은 눈물이 뚝뚝 떨어집니다. 접대원 동무가 급히 홀로 나가서 텔레비전을 켭니다. 식당 안에 있는 모든 북한 접대원 동무들이 뉴스를 보면서 울기 시작합니다.

아빠라도 돌아가신 양 젊고 예쁜 아가씨들이 소리 내어 우는데 신기하면서 소름끼쳤습니다. 다들 울어서 저도 따라 눈물이 나기는 했지만 똑같은 심정은 아니었습니다. 친구들이

네가 왜 우냐면서 놀렸지만, 저는 접대원 동무들이 보이는 반응에 더 눈물이 났습니다. 언제부터 어떤 말로 이 사람들을 홀려놨으면 저렇게 반응할 수 있을까 싶었습니다. 세뇌가 돼도 단단히 됐구나 싶으면서 이런 마음이 들었습니다. '거봐, 저러니까 통일하면 완전 저런 애들이 나랑 함께 학교도 다닐 수 있고, 직장도 다닐 수 있고, 옆집에 살 수도 있는 거잖아, 어휴, 끔찍해.'

그러나 또 한편으로는 더 많은 사람이 이상해지기 전에 통일이 되면 좋겠다 싶은 생각이 들었습니다. 나처럼 그이들도 자유를 누릴 줄 아는 사람일 텐데……. 지금 생각해보니 이런 상황들에서도 마음속 깊이 통일을 소원하지 못하는 저 자신이 부끄럽네요.

이 정성 다하여 통일

미안하고, 미안합니다, 북송된 탈북자들, 러시아에서 노숙자로 살던 탈북자, 김정일 위원장이 죽은 소식을 듣고 함께 운 러시아에서 만난 접대원 동무들. 통일에 제 작은 정성도 못 보태고, 꿈도 안 꿔서요. 사실 꿈을 꾸기는 했습니다. 그렇지만 꿈에 나타나는 북한 사람들은 제 목에 칼을 대고 '너 하나님 믿을래? 김일성한테 절할래?' 하거나 늘 보이지 않고 뒤에서 쫓아오는 두려운 존재였으니, 어떻게 통일을 꿈꿀 수 있었겠습니까?

이제 당신들을 둘러싼 처참한 현실을 더는 외면하면 안 되겠구나 싶어집니다. 당신들이 느끼는 두려움을, 삶과 죽음 사이에서 견뎌내야 하는 줄타기를 혼자 이겨내라고 하지 말아야겠습니다. 통일에 차갑게 등돌리고 있던 제게 시기적절하게 찾아온 분들 덕분입니다.

마지막으로, 외할머니, 당신께 정말 죄송합니다. 현충일이 있고 한국전쟁이 시작된 유월이 되면 몇 해 전에 돌아가신 외할머니가 자주 떠오릅니다.

"할머니, 제가 북한에 보내드릴까요? 금강산 여행이 이제 자유롭게 된다던데 할머니 이럴 때 북한에 다녀오세요."

"어휴, 관둬라. 괜히 돈 쓰지 말고."

"아니, 할머니 별로 안 비싸. 다녀오세요. 아님 중국 통해서 백두산이라도 다녀오세요. 거기서는 북한 땅이 가깝게 보이잖아요."

"아니다. 내가 뭐 북한 땅이 보고 싶은 건가. 내가 어릴 때 뛰어놀던 거기에 가보고 싶은 거지. 몸은 지금 이렇게 나이가 들어서 움직이기 불편해도 어릴 때 윗마을 아랫마을로 뛰어다니며 놀던 기억은 생생하고, 지금도 마음 같아서는 막 뛰어다닐 수 있을 것 같구나. 고향 동네에 가보고 싶은 거지. 그저 북한에 가보고 싶은 게 아니야."

통일이 되지 않는 한 절대 들어갈 수 없는 외할머니의 고향은 지금도 그곳에 있겠지만, 외할머니는 이 땅에 안 계시네요. 철없던 어린 시절에 외할머니 앞에서도 통일이 싫다고 당당하게 말한 제가 한없이 부끄럽습니다.

'우리의 소원은 통일, 꿈에도 소원은 통일, 이 정성 다하여 통일'을 모두 진심을 다해 부르지는 못하더라도, '이 정성 다하여 통일'에 작은 정성이라도 보태고 싶습니다. 일단 통일 반대론자에서 탈퇴하고, 통일이 필요한 이유와 통일이 돼야만 하는 이유를 알고, 조금씩 통일이 소원이라고 말하고 싶습니다.

언젠가는 외할머니 유골을 품에 안고, 외할머니가 그렇게 가보고 싶어하던 고향 마을에 갈 수 있기를 소원합니다.

하나님,
저한테 왜 이러세요?

"아이 로스트 마이 패스포트. 아이 캔 낫 파인드 잇 앤드 마이 보딩 티켓, 투(I lost my passport, I cannot find it and my boarding ticket, too)"

"아이 캔 낫 스피크 잉글리시(I cannot speak English)."

여권을 잃어버린 일도 황당하지만 영어 못하는 승무원은 처음 봐 적잖이 당황했습니다. 저가 항공을 찾다가 우루무치라는 낯선 곳을 경유하는 비행기를 탔죠. 비행기는 좁고 중국인 승무원은 영어를 몰랐습니다. 비행기에 타고 나서 10분도 안 돼 벌어진 여권과 탑승권 분실 사건 때문에 모두 저를 쳐다봅니다. 지금까지 여행을 다니면서 환승도 여러 번 했지만 여권을 잃어버린 일은 처음이라 손발에 힘이 쭉 빠졌습니다. 하늘이 노랗다는 말이 무슨 뜻인지 알았습니다. 비행기 천장도, 의자도, 사람들도 모두 노랗게 바뀌더군요. 침이 바짝바짝 마르고 어지럽습니다. 다리에 힘이 빠져 서 있을 수도 없습니다.

가장 먼저 떠오르는 하나님

모든 승무원이 동원돼 제가 앉은 자리 근처의 의자들을 떼어냅니다. 의자를 뗄 수 있다는 사실도 그날 처음 알았습니다. 의자 아래를 살피는 데 쓰는 손잡이가 긴 거울도 들고 와서 꼼꼼히 바닥을 살핍니다. 오랜 시간 답답한 생활을 한 제게 주는 보상 삼아 청약저축을 담보로 빚까지 내서 출발한 여행에 브레이크가 제대로 걸린 겁니다. 가슴 깊은 곳에서 솟아난 원망의 목소리가 하늘을 향합니다.

'아, 진짜 하나님, 왜 이러세요? 제가 여행 가는 게 그렇게 싫으세요? 놀기도 하지만 중간에 성지 순례 일정도 있다고요. 돈도 다 냈는데, 어쩌라고요. 아, 진짜 하나님, 너무해요.'

하나님이 가라고 한 여행도 아니고 여권을 어디 숨기지도 않았을 텐데, 왜 이런 때면 가장 먼저 하나님이 떠오를까요? 그다음에는 비행기 안에 있는 사람들이 원망스러웠습니다. 다들 좀도둑처럼 보이고 겁이 덜컥 났습니다. 여권과 현금을 가지고 다니려고 준비한 작은 가방 속 현금은 무사한지 다시 한번 만져봅니다. 돈은 무사합니다. '돈 있으면 뭐해? 여권 없으면 다 꽝인데.' 속이 타들어갑니다. 한국 여권이 중국에서 비싸게 팔린다더니 비행기에 탄 사람이 슬쩍한 건가 하는 의심까지 들었죠. 저도 모르게 눈물이 흘러내렸습니다. 20여 분 정도 여기저기 뒤지던 승무원이 의자 앞에 놓인 잡지들을 뒤적이는데 여권과 탑승권이 툭 하고 떨어집니다. 부끄러운 줄도 모르고 눈물이 터졌습니다.

"생큐, 생큐, 아임 소 소리(Thank you, thank you, I'm so sorry)."

그래요, 고마움도 미안함도 비행기를 함께 탄 사람들에게 한 말이었습니다. 그 순간 누구보다 하나님이 스쳤습니다. 작은 비행기라 거의 모든 승객을 술렁이게 하고, 승무원들을 당황하게 하고, 비행기에 함께 탄 누군가가 내 여권을 훔쳐갔다고 생각하면서 원망과 의심을 섞은 눈빛으로 모든 사람을 쳐다봐서 미안했습니다. 그 짧은 순간, 제가 부주의해서 흘려놓고는 안 좋은 일이 생기면 원망하는 대상에서 하나님이 우선순위라는 사실이 더 죄송했습니다. 이번만이 아닙니다. 하나님은 왠지 모르게 제가 좋아하는 일을 하려 할 때 방해하시거나 싫어하실 듯하다는 말이죠.

아무튼 큰일이 될 수도 있던 여권 분실 소동은 그렇게 일단락됐습니다. 이번 여행에서 어떤 예측 불허의 사태도 일어나지 않기를 기도하면서 스르륵 잠이 들었습니다.

행복한 야간 비행

밤 10시 가까운 시각에도 해가 지지 않는 우루무치에 도착했습니다. 중앙아시아 특유의 생김새를 한 중국인들을 볼 수 있는 곳이지만 빠른 시간 안에 환승을 해야 하는 곳이기도 하죠. 이곳은 환승할 때 화물칸에 실은 캐리어를 찾아서 다시 부쳐야 합니다. 백팩을 가볍게 하려고 면세점에서 산 물건들을 얼른 화물용 캐리어에 옮겨 담았죠. 티켓을 다시 발권한 뒤 짐을 부치려고 긴 줄을 서서 기다리다가 한국 남자 대학생 두 명을 만났습니다. 친구끼리 터키로 배낭여행을 간다고 했습니다. 이런저런 여행 이야기를 나누며 기분 좋게 여권 심사와 몸수색을 당하러 갔습니다. 두 학생이 무사히 검색대를 나가고 제 차례가 왔습니다. 그런데 여권을 보던 공항 직원이 한마디를 했습니다. 짐에 문제가 있으니 티켓 발권한 곳으로 돌아가라는 말이었죠. 조금 있으면 비행기가 뜨는데 다시 돌아가라니…….

'아, 하나님, 이건 또 뭐래요? 그럴 게 없는데, 이러다 비행기 놓치면 어떻게 해요!' 미친 듯이 달렸습니다. 제 캐리어 속에 이상한 물건이 보인다고 했습니다. 직원들이 가리키는 화면을 봤죠. 인천공항 면세점에서 산 휴대용 배터리였습니다. 빛의 속도로 얼른 배터리를 꺼내고 다시 달렸습니다. 땀이 비 오듯 해도 어쩔 수 없었죠. 다행히 비행기를 놓치지는 않았습니다. 자리에 앉자마자 여권 챙겨 넣고, 수면용 슬리퍼 꺼내 신고, 이륙하기 전에 부리나케 화장실에 가서 세수를 했습니다. '지금부터 긴 시간 비행기를 타야 하니 잠이나 실컷 자야겠다. 완전 좁아 죽겠지만, 자고 나면 이스탄불이겠지.'

옆자리 부부와 앞자리 부부가 서로 이야기를 나누고 있었습니다. 이분들은 잠잘 생각이 없어 보였습니다. 조금 있으니까 한 아주머니가 다가오더니 아쉬운 표정으로 한마디합니다.

"나 혼자 다른 자리야."

저는 때를 놓치지 않고 끼어듭니다.

"아, 일행이세요? 그럼, 제가 자리 옮겨 드릴게요. 함께 가고 싶으신 듯한데."

"네, 맞아요. 그래 주시겠어요?"

"네, 저라도 일행이 있으면 함께 가고 싶을 거예요."

조금 뒤 승무원이 제가 옮길 자리를 안내해줬습니다. 이게 무슨 일이랍니까? 비즈니스석이었습니다. '아, 하나님, 정말 감사합니다. 진짜, 완전 진짜 고맙습니다.'

난생처음, 비행기에서 다리 쭉 뻗고 누웠습니다. 조금 있으니 저녁밥이 나왔습니다. 비행기 안이니까 시간 개념도 사라지고 잠이나 자려던 마음도 사라졌습니다. 비즈니스석에서는 뭘 먹는지 궁금해 배가 그다지 고프지 않지만 먹기로 했죠. 하얀 유리 접시에 싱싱한 샐러드와 전채 요리가 나왔습니다. 그러더니 코스 요리가 나왔습니다. 비행기에서 스테이크를 썰게 될 줄은 몰랐습니다. 조금 있으니 고급스런 파우치를 나눠줬습니다. 깔끔하게 정리된 세면도구와 화장품이 담긴 고급스런 선물이었습니다. 스테이크에 곁들여 마신 와인 한 잔 덕분에 편안하게 잠을 잤습니다. 여권 잃어버린 줄 알아서 놀라고 비행기 놓칠까 봐 철렁한 마음이 다 풀어지는 밤 비행이었죠. 두 다리 쭉 뻗고 잠을 청했습니다. '아, 주님, 고맙습니다. 행복해요, 하나님, 제 여행길을 축복해주셔서 감사해요. 진짜 감사합니다.'

이제 곧 비행기가 착륙한다는 방송이 나왔습니다. 비행기라는 사실을 깜빡할 정도로 편안한 시간이었습니다.

일단은 축복받은 여행

비행기에서 내려 짐을 찾고 입국장에 들어섰습니다. 도착 시각은 새벽 12시 20분. 이제 호텔로 가는 셔틀버스만 타면 된다고 생각했죠. 호텔 셔틀은 이미 끝난 시각이었습니다. 유명 호텔 체인이니까 당연히 밤에도 셔틀버스가 있겠지 짐작한 저는 뒤통수를 맞은 느낌이었습니다. 할 수 없이 택시를 타러 갔죠. 나이든 택시 운전사들이 모는 택시는 담배 연기도 싫지만 무엇보다 영어가 통하지 않아서 꺼려졌습니다. 엉뚱한 곳에 내려주면 어쩌나 겁도 났죠.

다시 공항으로 들어와 공항에서 연결해주는 택시를 타려고 알아봤습니다. 현지인들이 여럿 다가와 영어를 쓰면서 값을 흥정했습니다. 가격 차이가 엄청났고, 너무 비싸다고 하면 곧바로 훅 깎였죠. '공항에서 가까운 호텔로 잡았는데, 이렇게 비쌀 리가 없는데.' 망설이다 의자에 털썩 주저앉았습니다. '조금 있다가 날 밝으면 셔틀버스가 다니겠지. 에이, 모르겠다. 괜히 돈만 버리거나 위험할 수도 있으니까 그냥 안전한 공항 안에 있자.'

해가 뜰 때까지 5시간 정도만 견뎌야지 하고 의자에 자리를 잡고 앉았습니다. 딱딱하고 차가운 에어컨 바람이 불편했습니다. 낯선 사람들이 다가와 택시 가격을 흥정하려고 말을 걸기도 했고요. 그때 제게 비즈니스석을 양보한 분들이 다가왔습니다.

"왜, 여기 있어요?"

"호텔 셔틀도 없다고 하고요, 택시는 가격이 다 다르고, 택시 기사랑 직접 흥정을 해보려니까 영어를 못하시네요. 그래서 그냥 날 밝기를 기다릴까 해요."

"어휴, 어떻게 여기서 밤을 새요. 잠깐만 기다려요. 우리들이 가는 길에 내려줄 수 있나 물어볼게요."

"진짜요? 그러셔도 돼요?"

"혼자 여기 어떻게 두고 가요. 또 어떻게 혼자 택시 타고 가라고 해요, 위험하게."

"고맙습니다. 고맙습니다. 정말 고맙습니다."

'아, 하나님, 정말 고맙습니다. 이번 여행을 축복해주셔서 정말 고맙습니다.' 안전하고 편하게 이스탄불의 첫날밤을 맞이했습니다. 잠을 설칠 정도로 고맙고, 기분이 좋았습니다.

부러진 손목

호텔 근처 산책하기, 커피숍에서 터키 커피 마시기, 책 읽기, 글쓰기, 수영장에서 물놀이하기. 이스탄불에서 혼자 보내는 자유 시간은 금방 지나갔습니다. 터키와 그리스 성지 순례를 시작하는 단체 여행팀에 합류해 새로운 일정을 시작해야 했죠.

성지 순례팀에 합류한 이튿날 이른 아침, 뛰어다니기 좋아하는 저는 그날도 기분 좋은 리듬을 타며 뛰었습니다. 아주 빠르거나 높게 뛰기는 힘드니까 천천히 달렸는데, 미끄러지면서 넘어졌습니다. 엉덩방아나 찧고 말겠지 싶은 순간, 오른손목이 찌릿했습니다. 손목을 들어올려 쳐다보는 데 이상합니다. 컴퓨터 그래픽 효과라도 입힌 듯 손목에 아래로 시컬 모양이 생겼습니다. 아프다고 느끼기도 전에 공중에 붕 뜬 듯하고, 현실이 아닌 듯하고, 모든 것이 낯설어지는 와중에 오른손목이 가장 낯설었습니다. 모든 움직임이 슬로 모션이고 모든 소리가 죽은 순간이었습니다. 주변에 있던 일행들이 다가왔습니다. 저도 모르게 소리를 질렀죠.

"어, 지금 저 건드리지 마세요. 손목이 이상해요. 여기."

"에구, 부러졌네. 여기, 손목 부러졌어요."

"움직이지 말아요, 여기 고정시킬 것 좀 가져와요."

저는 또 자동이었습니다. '하나님, 이게 뭐예요? 저한테 왜 이러세요? 부러질 정도로 넘어진 것도 아니잖아요.'

상점에서 가격을 표시할 때 쓰는 아크릴판과 알록달록한 머플러로 오른손을 고정했습니다. 터키인 가이드, 한국인 가이드, 교회 목사님, 저를 태운 차가 부리나케 달렸습니다. 식은땀과 눈물이 줄줄 흘러내렸고요. 겁이 났습니다. 얼른 손가락 하나하나에 입술을 대어봤죠. 아무것도 안 느껴지면 어쩌나 걱정했는데 입술이 닿는 게 느껴졌습니다. '아, 이게 뭔가요? 이번 여행에서 하나님의 살아 계심을 실재하는 하나님으

로, 하나님의 사랑을 실제로 느끼고 싶다고 기도했는데, 이건 뭔가요?'

난생처음 겪는 통증은 짜증이나 원망 이상의 감정을 불러 일으켰습니다. 여행팀에 짐이 되는 듯해 몸 둘 바를 모르겠고, 이러다 여행 다 접고 돌아가야 하나 싶어 걱정도 됐죠. 병원에서 이 손목 이제 못 쓰니까 자르자고 하면 어쩌나 와락 겁도 났고요.

"혹시라도 병원에서 제 손목을 잘라야 한다고 하면 절대로 못 자르게 말려주세요."

"안 잘라요. 왜 이 손을 잘라요."

모두 어리둥절한 표정으로 저를 내려다보며 한마디씩 해주셨습니다. 출발할 때부터 부러진 뼈가 움직일까 겁이 나서 차 바닥에 쪼그리고 주저앉았습니다. 다 큰 처자가 황당한 소리를 하니 얼마나 이상했을까요. 저는 여전히 속으로 하나님을 찾았습니다.

'하나님, 이게 뭐예요, 이게. 여행도 다 망치고, 사람들은 저를 어떻게 생각하겠어요. 아, 저는 왜 이렇게 재수가 없는 건가요? 성지 순례 와서 쇼핑몰 뛰어다니다가 손목이나 부러지고. 아, 진짜 이게 뭐예요.' 제가 욥은 아니지만 이런 일을 당할 때 욥의 친구들이 생각났습니다. '누군가는 속으로 생각할 수도 있잖아, 쟤는 무슨 잘못을 해서 저런 벌을 받았을까 하고…… 하나님, 너무해요.' 병원까지 그렇게 긴 시간이 걸리지 않았는데, 별의별 생각이 다 스쳤습니다.

모르핀보다 좋은 사람 진통제

"아이 니드 어 패인킬러, 필스 앤드 인젝션, 플리즈(I need a painkiller, pills and injection, please)."

저는 목이 터져라 진통제가 필요하다고 소리쳤습니다. 응급실 젊은 의사는 기다리라는 말만 했고요. 한국이나 터키나 병원은 똑같았습니다. 통증을 얼른 잠재우기보다는 기다리라고 하고는 이런저런 검사부터 했죠.

엑스레이를 찍고 응급실 침대에 앉아 있는데 함께온 가이드들과 목사님이 안 보였습니다. 혼자 속으로 별 생각을 다했죠. '손목 잘라야 하는 건가? 혹시 한국으로 가라는 건가? 이렇게 아픈 손목을 가지고 어떻게 비행기를 타. 진통제는 왜 아무도 안 주는 거야? 기절이라도 하고 싶다.'

터키인 가이드와 한국인 가이드, 목사님이 심각한 표정으로 돌아옵니다. 담당 의사가 내려오는 중인데, 수술이 필요한지 아닌지는 그 의사가 보고 결정한다는 말이었습니다.

머리가 하얗게 센 할아버지 의사가 응급실에 들어섰습니다. 저한테 다가온 의사는 손목을 보더니 살짝 웃었습니다. 잘은 모르지만 괜찮다고 말하는 듯했죠. 조금 있으니 터키인 가이드가 괜찮다고, 치료실로 옮기자고 했습니다. 터키인 가이드와 백발의 할아버지 의사, 간호사, 저만 남았죠. 의사가 가만히 뒤도 아픈 손목을 내놓으라는 시늉을 했습니다. 못하겠다고 울었죠. 이 주사 맞으면 안 아프다고 했습니다. 주사기를 꽂겠다니, 이 아픈 손목에!

"모르핀, 모르핀."

겁이 나지만 뾰족한 수가 없으니까 주사를 맞았습니다. 조금 있으니까 기분이 좋아지고 통증이 사라졌죠. 의사가 부러진 손목을 주물럭거리면서 뭔가를 하는데 통증이 안 느껴지고 웃음이 나왔죠. 무겁고, 뜨겁고, 축축한 석고를 오른손에 감았죠. 치료실 문이 열리고 한국인 가이드와 목사님이 보였습니다. 저는 활짝 웃었습니다.

통증이 사라지고 병원을 나서는 길, 그제야 원초적 욕구가 느껴졌습니다. '아, 화장실 가고 싶고, 배도 고프네. 이제 어쩌지? 이 땀범벅 된 몸 좀 봐. 샤워하고 옷도 갈아입고 싶은데, 어쩌지?'

"저, 집사님, 저……화장실 가고 싶어요."

"아, 뭘 도와줄까요? 자, 이렇게 해주면 될까요? 제가 문밖에서 기다릴게요. 다 되면 불러요."

마침 한국인 가이드가 여자 집사님이어서 이런 부탁도 할 수 있으니 다시 감사하게 됐죠. 모르핀의 효과일지도 모르지만 그날은 하루 종일 감사하고 기분이 좋았습니다.

성지 순례고 뭐고 이틀 정도는 호텔에서 푹 쉬겠다고 했습니다. 날마다 호텔이 바뀌는 일정이었는데, 다행히 손목이 부러진 날부터 이틀 동안은 같은 호텔이었습니다. 호텔에 함께 도착한 가이드가 대뜸 말했습니다.

"그래도 다행이네요. 호텔에서 쉴 수 있어서. 근데, 샤워해야죠? 땀을 그렇게 흘렸는데. 부담 갖지 말아요."

"진짜 그래도 돼요? 고맙습니다."

저는 그날부터 성지 순례를 마칠 때까지 룸메이트 집사님 덕분에 머리도 감고, 샤워도 하고, 머리도 말리고, 밥도 먹었습니다. 하필 오른손을 다치는 바람에 나이 많은 분들이 가장 젊은 저를 많이 도와주셨습니다. 세상에 이렇게 편한 여행이 없었죠. 하루 일정을 마치고 돌아와 땀범벅이 돼도 손가락 하나 까딱하지 않은 채 시원하게 씻을 수 있었습니다. 저를 날마다 씻겨주신 룸메이트 집사님에게는 죄송하지만, 하나님께 감사하기도 했답니다.

한편으로는 언제 또 올지 모를 이곳에서 하나님을 향한 짜증 섞인 원망이 넘쳐났습니다. 혼자 호텔방에 앉아 울고불고 짜증을 맘껏 냈죠. 에게 해를 바라보면서 선탠을 하는 건너편 커플이 얄미웠고, 시끄러운 음악 틀어놓고 파티를 즐기는 아래층 사람들이 부러웠습니다. 퉁퉁 부어오른 손목이 통증이라는 독기를 뿜어내는 시간을 오롯이 혼자 보내야 한다는 현실이 서럽고 또 서러웠죠. 하나님은 이 모든 시나리오를 짜고 일을 벌이고 계신 걸까요? 정말 궁금했습니다.

왼손 샤워

아픔과 슬픔으로 가득한 터키와 그리스 여행을 여러 사람들의 도움을 받아 마무리했습니다. 이스탄불에서 다른 분들은 한국에 돌아갔고, 저는 혼자 체코행 비행기를 탔습니다. 모두 말리셨지만 한국행 비행기 티켓은 5일 뒤에 체코에서 타야 했죠. 저가 항공 이용자의 비애이기도 하지만 꿋꿋하게 여행할 수 있는 동기도 됐습니다.

커다란 캐리어는 같은 교회 집사님 한 분이 들고 가주신 덕분에 백팩 하나만 짊어지고 체코행 비행기를 탔습니다. 이스탄불에서 체코로 향하는 비행기에 한국 사람은 없었죠. 한 시간 넘게 비행기가 연착해 점점 어두워지니까 걱정이 됐습니다. '이 늦은 밤에 바츨라프 공항에서 프라하 시내에 있는 숙소를 무사히 찾아갈 수 있을까? 프라하에서 루카스네 집은 어떻게 찾아가지?' 괜찮아지기를 기도하면서 슬금슬금 올라오려는 걱정과 원망의 목소리를 애써 잠재웠죠.

조금 뒤 제 곁에 러시아 청년 두 명이 앉았습니다. 다행히 영어를 잘했죠. 마음씨도 착해서 음식 포장 뜯는 일부터 백팩 올리고 내리는 일까지 저를 도와줬습니다. 블라디미르 푸틴부터 김정은과 북한에 관한 러시아 젊은이의 생각을 듣는 시간도 신선하고 재미있었습니다. 프라하 시내에 들어가는 길도 알려주고 예약한 숙소에 연락하라며 전화기도 선뜻 빌려줬습니다. 덕분에 무사히 루카스네 집에 도착했습니다. 이럴 때는 하나님께 마냥 감사했죠. 끝내주는 야경을 찍어 한국에 먼저 들어간 분들에게 보냈습니다. '아, 주님 진짜 감사해요. 드디어 도착했어요.'

짐을 풀고 씻으려니 집사님 손길이 그리워졌습니다. 다시

한 번 감사했죠. 무척이나 귀한 섬김과 사랑을 받은 일에 감사하면서 첫 '왼손 샤워'를 시작했습니다. 야무진 룸메이트 집사님의 손길이 그립기는 했지만, 프라하의 첫날밤은 제가 받은 사랑에 감사할 수 있는 시간이었습니다.

프라하의 천사, 노박 할아버지

둘째 날 아침, 병원에 가서 엑스레이를 찍고 손목 상태를 한 번 더 점검했습니다. 진료를 받으려면 거의 세 시간은 기다려야 했습니다. 응급실에 앉아 있으니 발목이나 다리, 무릎을 다쳐서 실려 오는 여행자가 심심찮게 보였습니다. '에효~ 하나님, 감사해요. 다리였으면 어쩔 뻔했어요. 그나마 손목이라 다행이에요. 여행을 계속할 수 있게 해주셔서 감사해요.'

응급실 대기실에 앉아 영어를 하는 의사가 올 때까지 기다려야 했습니다. 조금 있으니 엑스레이를 보면서 젊은 의사가 걱정 어린 표정으로 말했습니다. 너희 나라에 가서 수술을 하는 게 좋겠다고요. 제가 받은 은혜와 사랑에 감사하던 마음이 다시 훅 사라집니다. '뭐라고요? 지금 2주 가까이 됐는데 수술을 해야 한다고요? 하나님, 아, 진짜 왜 이러세요? 살도 찌고 겨우 붙어가던 뼈도 다시 맞춰야 한다니…… 어떻게 해요.'

지금 당장 한국으로 들어가고 싶어도 티켓 살 돈도 없고, 갑자기 욱신거리며 아픈 듯도 하고, 다시금 끝을 알 수 없는 불평과 짜증 모드가 돼 하나님께 한마디합니다.

"하나님, 아, 진짜 너무해요."

더는 짜증만 부리고 있을 수 없었습니다. 병원에서 보낸 반나절을 뒤로하고, 저녁에는 어렵게 구한 '프라하의 봄 국제 음악축제'를 가야 했거든요. 70년 전통을 자랑하는 실내악 연주회를 직접 볼 기회를 놓칠 수는 없었습니다. 트램을 타고, 지하철을 갈아타고, 지도를 들고, 이 사람 저 사람에게 물어서 겨우 찾아갔습니다. 온라인 티켓을 현장 티켓으로 교환해야 한다는 말을 듣고 티켓 교환 장소로 갔습니다. 서너 명이 줄을 서 있었습니다. 저도 줄을 섰습니다. 그때 제 곁에 서 있던 백발의 체코인 할아버지가 말을 걸었습니다.

아들이 아내랑 같이 보라고 티켓을 두 장씩 선물했는데 오늘은 아내가 오고 싶지 않다고 해서 혼자 왔다, 티켓을 그냥 버리기는 아깝고 연주회에 실례 같다, 혹시 너 나랑 같이 이 좋은 자리에서 볼래, 내 자리는 앞에서 8번째 줄 가운데야, 물론 공짜고.

"오케이, 생큐(OK, thank you)."

저는 그 자리에서 바로 좋다고 말하고 함께 연주회장에 들어갔습니다. 티켓이 없어 2층 구석진 자리를 겨우 구했는데 이게 웬 횡재랍니까? 피아니스트의 흩날리는 머리카락까지 보이는 자리에 앉아 음악에 심취할 수 있었습니다. '아, 주님, 진짜 너무, 너무, 참말로 감사해요. 하나님 완전 대박이에요, 이 자리.'

음악회가 끝나고 나오는 길, 보슬라프 노박 할아버지는 이런저런 질문을 하십니다. 너 그 손을 해서 지금 여행을 계속하는 거냐, 프라하 관광을 좀 했냐, 어디 가봤냐? 사실 병원 관광하는 느낌이에요, 오늘은 오전 내내 병원에 있었거든요. 그래? 그럼 내일 내가 차로 데리러 갈 테니 너 숙소가 어딘지 알려줘라, 내가 프라하의 좋은 곳들을 소개해줄게. 진짜요? 완전 좋아요, 여기로 오시면 돼요.

그때부터 놀라운 하나님의 은혜, 아니 놀라운 노박 할아버지의 은혜가 프라하를 떠날 때까지 3박 4일 동안 펼쳐집니다. 프라하 관광뿐 아니라 음악회도 매일 갔죠. 한국에서 온 걔가 언제 또 오겠어, 걔 데리고 이번 주까지는 음악회 가. 할머니는 남은 한 달 내내 가면 된다며 저한테 티켓을 양보해주셨습니다. 할아버지는 특급 가이드가 돼주셨습니다. 관광객들 가는 저런 식당은 가는 거 아니야, 프라하 사람들이 가는 음식점을 가야지, 관광객들만 다니는 저런 길은 가는 게 아니야, 이런 길로 다녀야 프라하를 제대로 느낄 수 있단다. 이곳이 공산주의가 있을 때는 어쩌고저쩌고 하는 역사 이야기부터, 여기 보고 저기 봐라 하는 꼼꼼한 볼거리 소개까지 완벽한 가이드였습니다.

밥도 사주시고, 입장권도 다 사주시고, 심지어는 돌아다닐 때 마실 생수와 간식거리까지 다 사주시면서 데리고 다녔습니다. 심지어 숙소 주인인 루카스가 그 사람이 이상한 짓을 할지도 모른다고 걱정했지만, 노박 할아버지는 전혀 그런 분이 아니었죠. 저는 더 나은 프라하 여행 방법도 모르지만, 더 좋을 수 있을까 싶은 프라하 여행을 했습니다. 무조건 노박 할아버지를 믿고 따라다녔습니다.

꿈같기도 하고 이 은혜를 어떻게 갚지 하면서도 속으로는 어느 새 하나님을 떠올리고 있었습니다. '하나님, 고맙습니다, 진짜. 어떻게 이런 할아버지를 만나게 해주세요? 고맙습니다. 주님께서 이 무모한 저를 불쌍히 여기셔서 이런 분을 예비해 주셨군요, 고맙습니다.'

마지막 날까지 음악회를 듣고 돌아오는 지하철 안에서 할 아버지께서 제 머리 꼭대기에 뽀뽀를 해주십니다. 내일 떠나는 데 배웅하지 못해 미안하다고요. 어찌나 눈물이 핑 돌던지.

"저 수술 안 받을래요"

서울에 돌아와 노박 할아버지에게 메일을 보냈습니다. 그 곳에 있는 동안 할아버지께서 저한테 왜 잘해주셨는지 참 모르겠다, 정말 고맙다는 내용이었죠. 맛있는 한국 과자들과 김, 정성껏 쓴 편지, 인사동에서 산 난과 매화가 멋지게 그려진 부채를 담아 선물로 보냈죠. 노박 할아버지가 답장을 보내왔습니다.

"하나님께는 손이 없단다. 다만 우리 손을 빌릴 뿐이야 (God has no hands. He has only our hands)."

저는 또 한 번 감사했습니다. '하나님, 정말 살아 계시고, 저를 사랑하시나요?'

체코 의사가 하라는 대로 한국에 돌아와 병원에 갔습니다.

수술을 받아야 한다니까 검사도 받고 수술도 할 수 있는 큰 병원에 갔죠. 외래 진료를 받으려면 백만 년은 걸릴 수도 있어서 응급실로 갔습니다. 별의별 환자가 가득했습니다. 개한테 얼굴을 물린 사람, 넘어져서 얼굴이 깨진 꼬마들, 목이 부러지고 칼침 맞은 듯한 조폭 느낌 충만한 남자 사이에 끼어 앉아 하루 종일 이 검사 저 검사 받았습니다. 수술을 받아야 할지 이대로 뼈가 붙어가는 과정을 지켜봐야 할지 의료진은 회의에 회의를 거듭합니다. 아침 11시에 갔는데 저녁 7시가 돼서야 결정을 내릴 수 있었습니다. 수술을 최종 결정하는 나이 지긋한 의사가 말합니다.

"수술을 하나 안 하나 비슷합니다. 지금 수술을 하면 뼈 모양을 조금 더 가지런하게 정리하기는 하겠지만, 기능이 더 좋아지지도 않고, 수술 자국도 남고, 근육도 칼이 닿고, 플레이트를 데었다가 1년 정도 있다 다시 빼내는 수술을 또 해야 하는데……."

"그럼, 선생님, 다 됐고요. 선생님 딸이라면 수술 받으라고 하실 거예요? 아니에요?"

"받지 말라고 하죠. 그냥 두면 될 텐데, 지금 이 상태에서 왜 칼을 대요. 작은 병원들은 가능하면 수술하라고 하겠지만, 저는 수술을 권하고 싶지 않습니다."

"그래요? 그럼, 저 수술 안 받을래요."

속으로 하나님께 또 속삭입니다. '아, 하나님, 감사해요. 진짜 진짜 감사해요.'

155

"하나님, 저한테 왜 이러세요?"

그 뒤 열흘쯤 지나서 충격적인 연락을 받았습니다.

"○○경찰서 형사 김○○입니다. 김영서 님, 맞으시죠? 구청에서 연락을 계속했는데 안 된다고 해서 지금 경찰에서 연락드립니다. 김영서 님, 5월 27일 삼성서울병원 응급실 가셨죠?"

"네, 그런데요?"

"김영서 님은 지금부터 능동 감시 대상자입니다."

며칠 지나 또 다른 연락을 받았죠.

"김영서 님은 원래 자택 격리 대상자입니다. 능동 감시 대상자라는 말이 자택 격리 대상자라는 말하고 같은 뜻입니다."

뭐라고 하는지 알 수 없는 말들을 하며 보건소, 구청, 경찰서, 질병관리본부, 서울시에서 계속 전화가 옵니다. 메르스 슈퍼 전파자가 휩쓸고 다닌 그 병원 응급실에서 딱 그날 그 시간에 하루 종일 있다가 나온 저는 답답하다며 여기저기 휩쓸고 다녔죠.

재수가 없어도 이렇게 없을 수 있을까? 터키 가서 손목 부러져 오는 사람도 별로 없을 텐데, 그 손목 들고 병원 응급실 찾는 사람은 또 얼마나 될까요?

"가지가지 해서 죄송합니다."

동료들에게는 잘 놀고 와서 자택 격리까지 하게 돼 미안한 마음에 이렇게 말했지만, 정말이지 속으로는 하나님을 원망했습니다. 그때 딱 거기에 슈퍼 전파자는 왜 온답니까?

하나님 빼고 그냥 생각하면 제가 운도 복도 지지리도 없는 사람 같아서 속이 상합니다. '하나님, 진짜 너무 하잖아요. 이게 뭐예요. 하나님이 물고기 입속에 동전까지 넣어서 세금 내시는 거 봐서 알거든요. 이건 뭐죠? 저 지금 완전 물 제대로 먹이시는 건가요?'

여러분은 어떤가요? 잘 되든 못 되든, 이렇게도 정교하게 누군가 짜놓은 듯한 사건 사고들 속을 살아갈 때 묻게 되지 않나요?

"하나님, 저한테 왜 이러세요?"

정말 하나님께서 하시는 걸까요? 아니면 그냥 다 우연의 일치이고, 재수 옴 붙어 이런 걸까요? 머피의 법칙이 맞는 걸까요? 저는 답은 모르겠고, 오늘도 롤러코스터 같을 뿐입니다. 불평불만만 쏟아내는 자동판매기처럼 저는 묻고 또 물으면서 또 하루를 살아냅니다.

"하나님, 저한테 왜 이러세요?"

죽어도 좋아?
죽을 것 같아?

몇 해 전 제주에 놀러가 유명한 패러글라이더를 만난 적이 있습니다. 친한 동생 덕분에 제주도 주민인 그분하고 함께 바닷가에 앉아 밥도 먹고 커피도 마시면서 유쾌한 시간을 보냈습니다. '패러글라이더 함영민'이라는 명함을 받아든 저는 이런 직업도 있나 싶어 신기했습니다. 도대체 뭔 일을 한다는 말이지? 패러글라이딩은 레포츠 아닌가? 그게 직업이라고?

죽어도 좋아, 일

패러글라이딩을 가르치는 강사로 일하기도 했지만 이분은 이력이 좀 독특했습니다. 패러글라이딩 묘기를 보이는 세계 대회가 있다는 사실도 그분 이야기를 듣고 알았습니다. 세계 대회에 나가 아크로바틱 패러글라이딩을 한다는 이야기도 처음 들었죠. 노트북에 가득 담긴 동영상과 사진을 여니 눈앞에 신세계가 펼쳐집니다.

"그 높이에서 볼 수 있는 게 있어요. 그래서 각 방송국에서

의뢰를 받아 촬영을 했고, 지도에도 안 나오는 아누타라는 섬에 가서 원주민도 찍었죠. 하늘을 날다가 죽으면 더 바랄게 없겠다 싶어요. 패러글라이딩을 일찍 알지 못한 게 아쉬워서, 죽었다 다시 태어날 수 있다면 더 빨리 패러글라이딩을 배우고 싶다는 게 꿈이죠."

운명처럼 패러글라이딩을 만나 직업을 아예 패러글라이더로 바꾼 삶을 마주하는 시간이 신기했습니다. 하늘을 나는 게 뭐가 그렇게 좋다고, 비행기 타면 안전하게 날아다닐 수 있는데 목숨 걸고 저럴까 싶었지만 부럽기도 했습니다. 하늘을 날다가 죽으면 좋겠다, 다시 태어나도 하늘을 날고 싶다는 말을 자신 있게 하던 그분의 목소리가 참 행복하게 들렸거든요.

2013년 11월, 해외 전지훈련을 떠난다며 이듬해 봄 유채꽃밭을 날자던 함영민 님. 그 뒤 저는 그분을 다시는 만날 수 없었습니다. 며칠 지난 그분은 소원대로 하늘을 날다가 하늘나라로 가셨죠. 저는 그즈음부터 무슨 일이든 할 때 제 자신에게 이런 질문을 던집니다. "이 일 하다가 죽어도 좋은가? 나는 그런 일을 하고 있는가?"

조금 극단적이기는 하지만 꼭 하고 싶은 일을 하면서 살자고 한 번 더 고민하게 됩니다. 대충 밥벌이만 목적으로 삼은 일을 하고 싶지는 않습니다. 그렇다고 아주 거창하게 살겠다는 말은 아닙니다. 죽어도 좋은 그 일, 죽기 전에 꼭 해야 하는 일을 찾아 업으로 삼고 싶을 뿐입니다. 당신은 어떤가요? 이 일 하다가 죽어도 좋은 그 일을 하면서 살고 계신가요?

죽을 것 같아, 일

"아, 난 길을 잃은 거 같아. 뭘 하고 살아야 하나 싶고, 노후를 생각하면 너무 겁나."

"언니, 저도 그래요. 그만두고 싶은데 그만두지도 못하고. 저도 길을 잃은 거 같아요."

"우리는 뭘 하면서 살아야 이런 고민을 안 할까? 그렇다고 우리가 의미 없는 일을 하는 것도 아닌데."

저와 룸메이트는 지친 몸으로 퇴근한 뒤에 집에서 만납니다. 가끔 둘이 누워 이런 이야기를 나누다가 끝을 맺지 못한 채 잠이 듭니다. 죽을 것 같습니다. 여기저기 여행 다니기, 공원에 돗자리 펴고 누워 하늘 쳐다보기, 멍 때리기, 책 읽기, 영화 보기, 가끔 노트북에 생각 끄적이기를 좋아하는 제게 일, 또는 작업이란 보통 제가 좋아하는 것들입니다.

가끔은 죽도록 힘이 들기도 합니다. 지금 하고 있는 일 때문에 '죽어도 좋아'는커녕 '죽을 것 같아'라고 말할 때가 있다는 겁니다. 어릴 때 어른들은 맨날 '아이구 죽겠네'를 입에 달고 살았습니다. 일은 사람을 죽고 싶게 만드는 고역이라는 인상이 너무도 뚜렷하게 남았습니다. 저도 모르게 무의식중에 '아이구 죽겠네' 하고 싶게 만드는 게 일이라고 생각하면서 살아가게 될까 봐 서글퍼집니다.

돈벌이 이상의 일

어릴 적부터 나중에 무슨 직업을 가져야 하는지 별로 고민하지 않았습니다. 단순한 돈벌이를 넘어서는 직업을 갖고 싶고, 누군가를 기쁘게 해주는 사람, 누군가의 인생에 도움이 되는 사람이 되고 싶다는 게 제가 품은 꿈이었습니다. 건축가이자 디자이너인 벅민스터 풀러는 '생계를 위해 일해서는 안 된다'고 했다는데, 저는 그런 과격한 말에 어느 정도 공감합니다. 돈만 버는 데 목적을 둔 직업이 아니라 자기 생의 이유와 기쁨이 담긴 일을 하라는 뜻을 품고 있다고 생각하니까요. 대학 때부터는 제 이런 꿈에 하나님의 부르심, 소명에 관한 고민이 더해졌습니다.

더 복잡해진 느낌입니다. 오스 기니스가 쓴 《소명》을 읽었습니다. '나사렛 예수의 음성에 귀기울이고 그분의 부르심에 응답하라'는 말이 무슨 뜻인지 이해하지 못해 갸웃거렸고, 도대체 어떻게 받아들여야 하나 막연한 느낌을 지울 수 없었습니다. 소명을 따르는 삶이란 '코람 데오Coram Deo', 곧 '하나님의 마음 앞에서' 살아가는 삶이고 청중을 의식하는 데서 돌이켜 오직 최후의 청중이요 최고의 청중인 하나님만을 중요하게 여기는 삶이라고 하던데, 그런 삶이 정말 현실에서 가능한지도 모르겠습니다.

저는 눈에 보이지 않는 하나님보다 눈에 보이는 가족, 애인, 동료, 친구들까지 제 주변 사람들이 청중 같아 신경이 쓰이던데, 어떻게 하나님만 중요하게 생각하면서 조금은 거창해 보이는 소명을 따를 수 있을까요? 당신은 어떤가요?

〈전도서〉 3장 13절에 보면 '사람이 먹을 수 있고, 마실 수 있고, 하는 일에 만족을 누릴 수 있다면, 이것이야말로 하나님이 주신 은총이다'는 구절이 있습니다. 그 소명을 어렵사리 찾아서 따른다면 일과 직업에 만족하는 은총을 누릴 수 있을까요? 일이 저주 같은 삶을 살고 싶지는 않습니다, 저는. 죽을 것 같은 일이 아니라 죽어도 좋을 만큼 만족하는 은총을 누리면서 살고 싶거든요. 어떻게 하면 그럴 수 있을까요?

지금 생각해보면 저는 일이나 직업, 좀더 거창하게 소명을 찾는 데 어떤 기준을 세운 적이 없습니다. 재미, 보람, 단순 돈벌이 이상, 소명 등 중구난방으로 제 나름의 원칙들을 덧대어서 이렇게 됐나 싶어 서글퍼집니다. 일에 관해 고민하던 저는 유명하기는 하지만 현실감은 전혀 없어 보이는 경상남도 거창고등학교의 '직업선택 십계명'을 찬찬히 읽어보기로 했습니다.

하나, 월급이 적은 쪽을 택하라.

둘, 내가 원하는 곳이 아니라 나를 필요로 하는 곳을 택하라.

셋, 승진의 기회가 거의 없는 곳을 택하라.

넷, 모든 조건이 갖춰진 곳을 피하고 처음부터 시작해야 하는 황무지를 택하라.

다섯, 앞을 다투어 모여드는 곳은 절대 가지 마라. 아무도 가지 않은 곳으로 가라.

여섯, 장래성이 전혀 없다고 생각하는 곳으로 가라.

일곱, 사회적 존경을 바라볼 수 없는 곳으로 가라.

여덟, 한가운데가 아니라 가장자리로 가라.

아홉, 부모나 아내나 약혼자가 결사반대하는 곳이면 틀림없다. 의심치 말고 가라.

열, 왕관이 아니라 단두대가 기다리는 곳으로 가라.

여기저기에 소개돼서 내용을 아는 분들이 많을 겁니다. 저는 볼 때마다 궁금했습니다. 이 십계명을 따르면 뭘 얻게 될까, 삶의 마지막에 뭐가 남을까 하고 말입니다. 이 십계명을 따르면 '죽어도 좋은 일'을 찾을 수 있는지도 궁금했습니다. 돈도, 승진도, 장래도, 명예도 없는 곳으로 가라는데, 그런 곳에 가면 결국 무엇을 얻게 되는 걸까? 궁금했습니다.

어쨌든 먹고살려고 일하는데, 돈이 얼마나 필요한데, 밥벌이도 얼마나 중요한데, 처음부터 돈이 적은 쪽을 선택하라니? 쪼들리고 궁상맞은 삶이 훤히 보이고, 장래성이 없다 보니까 노후 준비는 물 건너갈 수도 있는데, 사회적 존경을 바라볼 수 없는 곳이라니? 돈이 없으면 명예나 사회적 존경이라도 받아야 보상이 되지 않을까? 부모나 아내가 결사반대하는 직업을 선택해서 가정불화가 일어나거나 약혼자면 파혼으로 이어질 수도 있지 않을까? 단두대가 기다리는 곳으로 가면 죽게 되는 걸까?

이 세상의 기준에 견줘서 그다지 설득력이 없는 원칙입니다.

이런 기준으로 직업을 선택할 수 있는 사람이 얼마나 될까 싶었습니다. 그냥 기준은 높이 세워두자는 의미에서 저렇게 극단적인 표현을 했나 싶기도 했고요. 이런저런 생각을 하던 저는 거창고를 졸업한 학생들 중에서 이런 기준 아래 직업을 선택한 사람은 얼마나 될까 궁금해졌습니다. '직업선택 십계명'을 배운 사람들은 어떻게 다른 삶을 살고 있을까요?

자기만의 일

다행스럽게도 저하고 똑같은 궁금증을 가진 사람이 있었습니다. 거창고 졸업생들의 삶을 따라가면서 인터뷰해 정리한 《거창고 아이들의 직업을 찾는 위대한 질문》이라는 책을 읽었습니다. 대학을 졸업하고 시골에 내려가 농부의 삶을 살아가는 졸업생들과 월급이 더 적은 일을 선택해 자신만의 길을 묵묵히 걸어가는 졸업생들의 삶이 눈에 띄었습니다. 능력이면 능력, 학벌이면 학벌, 성품이면 성품까지 무엇 하나 빠질 것 없어 보이는 거창고 졸업생들의 일과 삶을 다룬 이야기들을 읽다보니 저도 모르게 눈물이 났습니다. 조금 더 어릴 때 이런 기준을 알았으면 지금까지 저를 괴롭힌 조바심이나 엉뚱한 청중을 의식하는 습관에서 벗어났을 텐데 싶었거든요.

한편으로는 부럽기도 했습니다. 엄청난 부자나 뛰어나게 성공한 졸업생을 만나지 못했답니다. 방송국 피디라는 안정된 자리를 박차고 나가 시베리아 호랑이 보호 운동을 하는 사람, 어찌어찌하다가 문화재 복원 일을 하면서 사는 사람, 부모님의 반대를 무릅쓰고 시골에 내려가 농사를 짓고 있는 사람, 나처럼 당신처럼 직장을 다니는 평범한 사람들의 소소한 삶을 들려줍니다.

'더 나은, 색다른 의미'를 찾고 있는 제가 미숙하게 동동거리는 모습하고 다르게, '직업선택 십계명'이라는 브레이크 하나를 마음 깊이 품고 선택의 순간마다 진지하게 주저할 줄 아는 거창고 졸업생들이 부러웠습니다. 그네들의 이야기를 읽으면서 세상이 인정하는 성공 가도에서 벗어나 자기 삶에, 자기가 하는 일에 스스로 만족하면서 살아가는 충만한 삶들을 엿볼 수 있었습니다. 은총 제대로 누리며 사는 삶이란 이런 게 아닐까 싶을 정도로 자유하고, 부요하고, 제대로 자기 자신의 청중을 인식하면서 자기만의 무대를 누비는 주인공들을 마주한 느낌이었습니다.

진정한 성공이라고 우리를 속이고 있는 숱한 유혹에 속지 않고, 자기 일을 찾아 뚜벅뚜벅 걸어가는 삶을 살아보고 싶습니다. '죽을 것 같은 일'을 하고 있는지 '죽어도 좋을 일'을 하고 있는지 헷갈리고 있다면, 묻고 싶습니다. 당신은 어떤 일을 하면서 살고 계신가요, 지금?

대법관님,
도대체 왜?

몇 년 전 가을 어느 날, 저는 서울고등법원에 갔습니다. 무죄 취지로 파기 환송된 사건 때문이었죠. 10대 여중생을 상습 성폭행해 임신하게 한 뒤, 임신 상태로 두려움에 빠진 여중생을 자기 집으로 유인해 머물게 하면서 수시로 간음한 가해자가 어떻게 될지 궁금했거든요. 고등법원은 대법원의 취지를 받아들여 징역형을 선고한 2심 결정을 파기하고 무죄를 선고했습니다.

무죄라는 말에 피고인은 두 손으로 입을 가리고 감격의 눈물을 흘렸습니다. 피해자의 어머니는 눈물 한 방울 흘리지 못하고 멍하니 넋이 나갔습니다. 저는 아무 말을 할 수 없었습니다. 기가 막혀 눈물도 흘리지 못하는 그 어머님 앞에서 차마 울 수도 없었습니다. 저는 그날 저녁까지 멍했습니다. 깊은 물에 빠진 사람처럼 아무 소리도 들리지 않고, 내가 그 여중생이라면 지금 어떤 심정일까 생각하니 먹어도 허기지고 기운이 없었습니다.

"아, 더러운 대한민국, 내가 어렵게 창피를 무릅쓰고 성폭행을 고소했는데 사랑이라니……. 나보다 나이도 많고 많이 배운 분들이, 우리나라 최고 판사님들이 모여 있는 대법원에서, 내가 성폭행을 당했다고 도와달라고 하니까 '얘야, 그 아저씨는 너 사랑했대, 너도 잘 생각해봐, 그때 주고받은 문자들 우리들이 읽어보니 사랑 맞더라' 하는 꼴 아냐?"

이런저런 생각에 잠겨 있던 저는 그 여중생에게 전해주십사 어머님께 《라비 드 파리》라는 책을 드렸습니다. 어디 먼 곳으로 여행이라도 다녀오라고, 모두 잊고 훌훌 털어버릴 시간 좀 보내고 오라고 하고 싶지만 마음뿐이네요. 하기야 지금 이 상황에서 어디를 간들 억울하고 답답한 마음을 풀 수 있을까요?

대법관님, 사랑이 뭔가요?

대법원에서 파기 환송된 뒤 거의 1년 만에 고등법원에서 무죄 판결이 났습니다. 억울함과 답답함은 대법관들, 그리고 저를 포함한 우리들에게 던지는 질문이 됐죠.

먼저 '무죄' 판결을 내린 대법관님들의 생각이 궁금해 판결문을 꼼꼼히 읽었습니다. 피해자는 강요와 협박 때문에 어쩔 수 없이 '사랑한다'는 메시지를 보냈다고 주장했습니다. 피고인은 사랑하는 관계여서 강간이 아니라고 주장했고요. 대법관님은 이상할 정도로 10대 여중생을 어리고 미숙한 청소녀로 판단하지 않았습니다. 가정 형편이 어렵고 부모 모두 몸이 아파 도움을 청할 곳이 없다는 면도 고려하지 않았습니다.

대법관님은 학교, 집, 교회밖에 모르고 남자 친구도 사건

적 없는 청소녀의 미숙한 판단력과 나이든 남성의 위계에 바탕해 벌어진 듯한 이 사건에서 피해자가 한 진술은 신뢰성이 떨어진다고 합니다.

"평소 스마트폰 등을 통해서도 애정 표현을 자주 했다."

이미 위력을 바탕으로 하는 강제적 성관계를 경험한 무기력한 상태에서 임신까지 한 사실을 누구에게도 말하지 못한 여중생의 막막함을 전혀 이해해주지 않는 대법관님이 야속했습니다.

대법관님이 생각하는 사랑이 뭔지 묻고 싶어졌습니다. 판사 모임에서 어떤 사람이 우연히 이 판결을 이야기하니까 같은 판사들도 고개를 절레절레 흔들었답니다. 도대체 대법관님이 생각한 '사랑'은 무엇일까? 적어도 사랑은 '네 이웃을 네 몸처럼 사랑'하고 상대방의 안녕을 기원하는 마음에서 시작돼야 하지 않을까? 몸도 마음도 시려하던 그 청소녀의 목소리가 지금도 귓가에 생생합니다.

대법관님, 제가 알고 배운 사랑은 언제나 오래 참는 마음입니다. 피고인이 진정으로 그 청소녀를 사랑했다면 성년이 될 때까지 기다려줄 수 있지 않았을까요? 사랑은 언제나 온유해야 하니까 성폭력으로 고소를 당하더라도 온유하게 그 처분을 받아들여야 하지 않았을까요?

사랑은 또한 버릇없이 행동하지 않고, 이기적이거나 성내지 않는 마음이니까 피해자가 사라졌다고 집에 찾아가 난동을 부리면 안 되지 않을까요? 사랑은 모든 것을 참고, 모든 것을 믿고, 모든 것을 바라고, 모든 것을 견디는 마음이니까 사랑한다고 주장하는 쪽에서 상대방의 변심을 그대로 받아들이고, 모든 것을 참고, 모든 것을 믿고, 모든 것을 바라고, 모든 것을 견디는 쪽을 선택해야 하지 않을까요?

잃어버린 청소년기를 어떻게도 보상할 수 없는 이런 상황에서는 더더욱 어린 청소녀가 원하는 처벌을 달게 받아들여야만 피고인이 저지른 행동이 진정한 '사랑'으로 될 수 있지 않을까요?

하얀 종이에 적힌 글자로는 들을 수 없는 목소리

대법관님이 너무 많은 사건을 다루느라 피해 청소녀가 하는 주장을 제대로 못 들으신 게 아닐까 궁금하기도 했습니다. 가해자의 사랑 타령은 왜 그렇게도 또렷하게 들리는지도 궁금했습니다.

나이 차이가 서른이 넘는 아저씨를 세상 물정 모르는 중학생이 '사랑'했다고 상상할 수 있을까? 내가 중학생 때 마흔 살 넘는 아저씨를 사랑한다고 하면, 정상적으로 사고하는 사람들은 그 말을 저렇게 찰떡같이 믿어줬을까? 적어도 나를 위해주고, 나를 사랑해주고, 나를 존중해주는 사람들이라면?

저는 어떤 질문도 할 수 없었습니다. 그저 미안하고 죄스러운 마음뿐이었습니다. 괜스레 제가 어른이라는 사실이 미안하고, 무죄 선고에 어떤 변화도 줄 수 없는 현실이 죄스러웠습니다. 무죄로 끝나지 않게 해달라고 작은 목소리들을 모으는 게 우리가 할 수 있는 노력의 전부인 상황도 답답했고요.

이 사건은 1심에서 10년 넘는 형을 받은 중대 범죄였습니다. 1심과 2심 재판이 진행되는 과정에서 그 청소녀를 만나면 누구나 알 수 있었을 겁니다. '아, 이 아이가 진짜 몰랐겠구나. 가해자의 말에 속아서 가해자 집에 유인당할 수 있었겠구나.'

저는 직접 만나봐서 압니다. 집, 학교, 교회, 집, 학교, 교회밖에 모르고, 남자 친구라고는 사귄 적도 없는 청소녀입니다. 어린 소녀의 신체적, 정신적, 정서적 안녕이 얼마나 처참하게 무너진 일인지 그 목소리를 직접 들으면 곧바로 알 수 있습니다. 안타깝습니다. 하얀 종이에 적힌 글자로는 그 목소리를 제대로 들을 수 없을 겁니다.* 사건이 벌어진 그날, 출산 뒤 몸과 마음이 상한 그 청소녀를 직접 만나면 피해자의 목소리를 들을 수 있었을 겁니다.

이 판결문에 이름을 올리고 이내 퇴임한 전 대법관님. 대법관님은 하루에 대법원 1개부에서 선고하는 사건이 300건이라고 말씀했습니다.** 미국 연방 대법원***처럼 구두 변론도 하고,

---

* 1심과 2심은 피고인과 피해자를 법정에서 판사가 직접 대면하는 사실심이지만, 대법원은 문서만으로 사건을 접하는 법률심입니다.
** 대법원은 1년에 4만 2000여 건을 처리합니다. 이런 상황 때문에 대법원이 대법원답게 사건을 판결하기 어렵다는 생각도 들었습니다(《연합뉴스》 2015년 9월 23일).
*** 미국 연방 대법원은 하루에 1~3건 정도를 다루고 매일 판결을 하지도 않습니다. 요즘은 1년에 100여 건 정도를 처리합니다. 한국 대법원은 미국 대법원의 420배나 많은 사건을 처리하는 셈입니다.

깊이 있게, 이리저리 다른 각도에서 사건을 생각할 여유가 없겠다 싶기도 했습니다. 대법관님들, 바쁘고 힘들어도 이 사건은 좀더 깊게 봐주시기를 바랍니다. 벌금 30만 원 안 내겠다는 시시한 사건이 아닙니다.

이 사건의 피해자만을 위해서 하는 말도 아닙니다. 앞으로 또 발생할 수 있는 이 땅의 청소녀 피해자들을 보호하려고 이럽니다. 벌써 아는 사람의 13세 손녀를 성폭행한 70대 노인 성폭력 가해자도 '사랑하는 사이'라고 주장했습니다. 문서에 기록된 피해자의 목소리가 가까이 있는 중학생 딸이나 손녀의 목소리라고 상상해보세요. 들리지 않나요, 피해자의 진심이?

'그건 사랑'이라고 말할 수 있는 권리

마지막으로 저를 포함해 우리에게 짧은 질문을 던집니다. 도대체 '그건 사랑'이라고 말할 권리를 우리가 언제 국가에 넘겨줬나요? 우리 이대로 가만히 있어도 되는 걸까요? 고등법원 파기 환송심에서 최종 무죄가 선고된 뒤 한국성폭력상담소를 포함한 여성단체연합 회원들이 모여 법원 앞에서 기자 회견을 열었습니다. 지나던 '야쿠르트 아주머니'가 무슨 일인지 짧은 설명을 듣더니 궁금해하십니다.

"도대체 왜? 이런 사건이 무죄인지 이해할 수 없네."

아주머니는 열심히 싸워달라고 야쿠르트를 잔뜩 주고 가셨습니다. 눈물이 핑 돕니다. 성폭력이라고 말하기 너무 힘든 한국에서 어렵게 피해자가 직접 신고한 성폭행 사건을 무죄로 판결해도, '남의 집 딸 일이니까' 또는 '그 애도 뭔가 잘못했겠지' 또는 '대법원이 오죽 잘 알아서 했겠어?' 하면서 아무것도 안 해도 되는 걸까요? 성폭력을 사랑이라고 판결해도 되는 권리를 국가에 준 적이 있나요? 우리 이대로 가만있어도 될까요?

그 사람들보다 위험할 수도 있는
우리, 가족?

몇 달 만에 조카를 보러 갔습니다. 말도 제대로 못하는 녀석이 저를 보더니 뭐라고 합니다.

"꼬모, 귀 아포, 요기."

초등학교 1학년 큰 조카가 거듭니다.

"고모, 얘 귀 찢어졌어요, 어린이집에서."

깜짝 놀라 올케에게 물어보니 돌아오는 답이 더 가관입니다. 어린이집에 다녀온 세 살짜리 솔이의 귀 아래쪽이 찢어져 피가 나고 있어서 어린이집에 전화를 하니 모르고 있더라는 겁니다. 정말 모르는 건지 모르는 척하는 건지 알 수 없어서 화가 났지만 당장 옮길 어린이집이 없어서 전화 통화만 하고 아이는 계속 그 어린이집에 다니고 있답니다. 짜증이 확 납니다.

찢어진 귀

"누가 그랬어? 솔이야?"

"어? 음……몰라여."

왜 모르냐고 올케에게 물으니, 누가 혼날까 봐 걱정이 되는지 어느 날은 선생님이라고 하다가 어느 날은 친구 이름을 댄다는 겁니다. 큰일이 벌어지지 않게 막으려고 세 살짜리가 나름대로 머리를 굴리나 봅니다. 시시티브이를 돌려보라고 해도 올케는 주변에 아이를 옮길 수 있는 어린이집이 없어서 부모들이 주시하고 있다는 사실만 알리고 마음을 접었다는 겁니다. 아이가 다쳐도 어린이집 교사들 진짜 무섭네 하고는 끝이 납니다.

그런데 얼마 전 세상을 떠들썩하게 한 사건들이 떠오릅니다. 아들을 죽인 뒤 시신을 집 냉장고에 보관한 아빠 생각도 나고, 동거녀하고 함께 아이를 몇 년씩 가둬두고 방치한 아빠도 생각납니다.

집밖보다 더 위험한 집

"바늘로 아이를 찌르는 어린이집 선생이 있대, 어디 그뿐이야? 애가 음식을 뱉어냈다고 다시 주워서 먹인 선생도 있다더라구. 어휴, 애를 그냥 무지막지하게 때리는 장면이 시시티브이에 다 찍혔는데……겁나더라, 어떻게 애를 그렇게 때린데? 어디 무서워서 애들 어린이집 보내겠어?"

한동안 어린이집 교사들이 아이들을 학대한다는 뉴스가 쏟아지고, 자극적인 장면들이 담긴 시시티브이 동영상이 어떤 여과 과정도 거치지 않고 돌아다녔습니다. 아이를 둔 부모든,

조카를 둔 이모나 고모든 모이기만 하면 이런 이야기를 나누는 모습을 어디서나 볼 수 있었습니다. 저는 궁금했습니다.

'어린이집은 시시티브이라도 있지만, 집에는 없는데……. 보는 눈 없이 부모랑 집에 사는 아이들이 더 위험하지 않나?'

자료를 찾아보기로 했습니다. 며칠 전에 본 충격적인 동영상 때문이었죠. 학원 시시티브이에 찍힌 동영상에는 초등학교 1학년 아이를 중년 여성이 책과 발로 마구 때리는 장면이 고스란히 담겨 있었거든요. 어른이 아이를 폭행하는 모습을 찍은 동영상은 뉴스 전파를 타고 전국에 보도됐습니다. 끔찍했습니다. 때리는 사람이 그 학원의 원장이면서 그 아이의 엄마라는 사실도 함께 알려졌습니다. 공부를 하지 않는다는 이유로 초등학교 1학년 아이를 무자비하게 때렸답니다. 엄마라는 이름으로, 아들을 위한다는 명목으로 한 구타였죠. 공부 좀 안 한다고 그렇게 맞기에는 너무 어린 꼬마인 듯해서 안쓰러운 마음이 밀려옵니다. 어린이들이 집밖에서 여러 위험한 일들에 직면하는 사실은 맞지만, 저는 집밖이 정말 위험한지, 집밖보다 더 위험한 곳은 없는지 궁금했습니다.

어렵지 않게 보건복지부에서 낸 〈아동 학대 현황 보고서〉(2013년)를 찾을 수 있었습니다. 제 예상이 빗나가기를 바랐지만 그렇지 않았습니다. 2013년에 신고된 아동 학대 가해자를 보면 친부 41.1퍼센트, 친모 35.1퍼센트, 아동 복지 시설 종사자 5.3퍼센트, 보육 시설 종사자 3.0퍼센트, 계모 2.1퍼센트, 계부 1.6퍼센트였습니다. 어린이집 같은 보육 시설 종사자의 아동 학대 비율은 3퍼센트밖에 안 된다고 말하려는 게 아닙니다. 어린이집 같은 곳에서 발생하는 아동 학대는 시시티브이나 주변 사람들, 아동 자신이 부모님에게 이야기를 해 발각되기가 그나마 쉽죠. 가족 안에서 벌어지는 아동 학대에 견줘 드러나기 쉬운 보육 시설 종사자의 아동 학대 비율이 3.0퍼센트인데, 한집에 살고 있는 친엄마와 친아빠의 합이 76.2퍼센트와 새엄마와 새아빠의 합 3.7퍼센트를 합치면 전체 아동 학대의 79.9퍼센트가 집 안에서 벌어집니다. 아동 학대 신고 100명 중에 80명에 가까운 가해자가 함께 사는 부모라는 말입니다. 지금 어린이집 교사들이 문제가 아닐 수도 있다는 말을 하고 싶은 겁니다.

우리가 시시티브이로 볼 수 없는 집 안에서 벌어지는 아동 학대는 어린이집에서 발생하는 학대하고는 성격이 다른 폭력입니다. 우리네 정서상 아동 학대는 고소가 어렵고 가족의 수치로 여겨서 주변에 알리고 드러내 도움을 요청하기도 쉽지 않거든요.

우리 사회에서 빙산의 일각만 드러나는 친족 성폭행이나 새엄마에게 맞아죽는 아이들을 다룬 끔찍한 뉴스를 보면 모든 사람은 충격에 빠지거나 혀를 찹니다. 이런 사건은 머리에 뿔난 괴물 같은 미친 아빠나 신데렐라 엄마처럼 쭉 찢어져 올라간 눈을 가진 나쁜 계모만 저지르는 행동일까요?

아이들에게 안전한 집

어린이집보다 더 은밀한 곳에서, 시시티브이의 감시도 없이, 완전히 의존적인 존재로 살아가는 아이들의 보호자가 될 수 있는 '우리, 가족'은 어떤지 궁금합니다. 어린이뿐 아니라 어르신, 장애를 가진 가족을 아주 가까운 곳에서 돌보고 있는 우리, 당당하게 '나는 안전하다'고 답할 수 있는 사람이 몇이나 될까요?

신이 모든 아기들을 곁에서 돌볼 수 없어서 엄마를 만들었다는 말을 어디에서 들은 적도 있고, 칼릴 지브란이 쓴 《예언자》에 실린 '아이들에 대하여'를 읽기도 했죠. 그 내용을 되새길 때마다 생각하게 됩니다. '어린이들, 참 조심스럽게, 예의를 갖춰 대해야겠구나.'

해마다 연말이 되면 새해 소원을 말하는 시민들 인터뷰가 나옵니다. 아이 키우는 부모님으로 보이는 분들은 마이크를 들이대면 하나같이 이렇게 말합니다.

"우리 애들이 엄마, 아빠 말 잘 듣고, 공부 잘했으면 좋겠어요."

문제는 거기에서 시작되는 게 아닐까 싶었습니다. 내 말을 좀 잘 들으면 좋겠는데 안 듣고, 안 듣고, 안 들으면, 듣게 하려고 야단도 치고 매도 들기 시작하는 게 아닐까요? '사랑의 매'나 '훈계'나 '훈육'이 필요하다는 현실은 알고는 있지만, 나보다 물리적이고 사회적으로 약한 사람을 향해 드는 매가 자칫하면 폭력이 될 수도 있다는 점이 걱정될 뿐입니다.

　과연 '나는, 우리는 안전하다'고 자신 있게 말할 수 있는 사람이 얼마나 될까요? 칼릴 지브란이 쓴 〈아이들〉을 다시 한 번 꼼꼼히 읽게 되는 오후입니다.

아이들이 그대를 거쳐 이 땅에 온 것뿐

그대가 창조한 것은 아니다.

아이들은 그들 자체의 삶을 살아갈 존재들이다.

그러므로 아이들은 그대들의 소유물이 아니다.

그대들은 아이들에게 사랑을 줄 수 있으나

그대들의 생각을 주어서는 안 된다.

아이들은 그들만의 생각을

소유할 수 있어야 하기 때문이다.

그대들이 아이들처럼 되기에 힘쓰는 것은 좋으나

아이들은 그대들처럼 만들려고 하지 말라.

그대들은 아이들에게 육신의 집은 줄 수 있으나

영혼의 집은 줄 수 없다.

아이들의 영혼은 내일의 집에 살기 때문이다.

그대들은 활, 아이들은 화살이다.

사수인 하나님은 그대들을 힘껏 당겨 아이들을

먼 미래로 쏘아 보내신다.

하늘은 활인 그대들도
화살인 아이들도 사랑하신다.

3부

그 여자들의
이야기를
기억하시나요?

그 여자들의 이야기를
기억하시나요?

"야, 중2 된 지 며칠이나 됐다고, 벌써 '중이병'이 걸려?"

"크크크크, 너는?"

"야, 우리 옆에 앉아 있는 아저씨 웃고 가잖아. 우리 주변에 있는 사람들, 우리 보면서 웃잖아."

둘이서 키득거리며 웃고 노는 중학교 2학년 여자아이들의 풋풋함에 저도 모르게 웃음 짓게 됩니다. 자기들도 아는지 '중이병' 운운하네요. 그만큼 '지랄 총량'의 법칙을 온몸으로 발산해도 되는 나이가 아닌가 싶습니다.

'중이병' 걸릴 나이에

누구 눈치 안 보고, 누구 배려하기보다는 자기가 하고 싶은 일에 충실해도 되는 나이. 소녀들의 웃음소리, 몸짓 하나하나가 참 기분 좋습니다. 영화 〈귀향〉에서 본 소녀들이 떠오릅니다. 열네 살, 열다섯 살이던, 지금은 하

나둘 하늘나라로 떠나가는 할머니들 얼굴이 겹칩니다. 나

는 뭘 하고 있나 생각합니다. 어린 소녀이던 할머니들의 한 맺힌 삶을 알아가고, 이해하고, 잊지 않고 기억하기 위해 나는 무엇을 하고 있는지 묻게 됩니다. 여러분은 어떠세요?

멋대로 해석하기

《제국의 위안부》라는 책을 보기 시작했습니다. 왜 이렇게 욕을 먹나 궁금하기도 했고, '위안부' 관련 서적 중 이 정도로 많은 관심을 받은 책은 없었으니까요. 초판은 구하지 못해 무료 배포하는 책을 봤습니다. 어떤 줄은 '○' 표시가 가득해서 무슨 내용일까 궁금해지기도 했습니다.

책을 읽던 저는 조금씩 기분이 나빠졌습니다. 이렇게 말하는 이유가 뭘까? 일본 사람들 처지에서 이해해보고 싶은 건가 하는 생각도 들었습니다. 이를테면 이런 대목들입니다.

"징용이라고 했어. 나 경상남도에서 밭에 있었거든. 그런데 징용이라고 그러면서 데려가는 거야. 기차를 탔고 배를 탔지. 나, 위안부가 된다는 거 몰랐어." "운이야, 위안부가 된 것도 운이지. 군인들이 총알 맞는 것도 운이고. 모두가 다 운이라고."(〈개미의 자유〉, 84쪽)

여기에는 속아서 왔다면서도 "군인들이 총알 맞는 것"과 "위안부가 된 것"을 그저 운이 나빴다는 식으로 간주하고 군인을 원망하지 않는 위안부가 있다. 그녀가 이런 식으로 말할 수 있는 것은 그녀가 이미 식민지가 된 지 오래인 땅에서 자라나 자신을 '일본'의 일원으로 믿었기 때문일 것이다. 말하자면 그녀의 눈앞에 있는 남성은 어디까지나 동족으로서의 '군인'일 뿐 적국으로서의 '일본군'이 아니다. 그녀가 일본군을 가해자가 아니라 자신과 똑같이 불행한 '운'을 가진 '피해자'로 보면서 공감과 연민을 표할 수 있는 것도 그녀에게 그런 동지의식이 있었기 때문이다. (박유하, 《제국의 위안부》, 뿌리와이파리, 2015(2판), 74~75쪽)

박유하 씨는 〈개미의 자유〉라는 소설에 나오는 저 할머니를 만나서 직접 속내를 듣지 않고 어떻게 저렇게 확신할 수 있는지 궁금했습니다. 어린 소녀이던 저 할머니에게는 밭에서 일하고, 집에 돌아가 가족들하고 도란도란 밥을 먹는 저녁이 있었을 겁니다. 저는 이 할머니가 한 말에서 밭에서 일하다가 끌려오느라 가족들에게 인사도 못한 채, 제대로 먼 길 떠날 채비도 못한 채, 어디로 뭘 하러 가는지 설명도 듣지 못한 채 평범한 일상을 강탈당한 소녀만 보입니다. 난데없는 납치, 감금, 강간을 당해 자포자기하고 지낸 시간에 관해 무슨 근거로 동지 의식으로 해석할 수 있을까 도무지 이해할 수 없었습니다.

저는 할머니들이 한 말에서 오히려 스톡홀름 증후군*이 느

---

* 인질이 범인에게 동조하고 감화되는 비이성적인 심리 현상을 말합니다. 매맞는 여성이나 학대받는 아이들도 비슷한 심리 상태를 나타냅니다. 1973년 8월 23일부터 8월 28일까지 은행 강도들이 스톡홀름의 크레디트 반켄을 점거하고 직원을 인질로 잡았습니다. 인질들은 강도들에게 정서적으로 가까워졌고, 6일 뒤에 풀려나 강도들을 옹호하기도 했습니다.

껴졌습니다. 힘든 세월을 보낸 억울함이나 분노를 '운'이라는 방식으로 해결하려는 자구책으로 보이기도 했고요. 여러분은 어떤가요? 저는 이제껏 논밭에서 일하다가 가족들도 모르게 납치, 감금, 강간을 당한 일본 군인 이야기는 들어보지 못했습니다. 어떻게 일본군과 위안부를 '동지 의식'을 가진 사람들로 묶을 수 있는지 참 궁금합니다. '일본'의 일원이라거나 '동지 의식'이라는 해석은 박유하 씨가 타임머신을 타고 가 밭에서 질질 끌려가는 소녀를 붙잡고 직접 인터뷰하지 않은 한 마음대로 할 수 없다고 생각합니다.

이런 내용도 있습니다.

'위안부'가 20만 명이 있었다고 한다면, 또 그중의 80퍼센트가 조선인이었다고 한다면, 2012년 현재까지 등록된 234명이라는 숫자는 너무나 적은 숫자가 아닐 수 없다. 해방 때 스무 살이었다고 해도 1991년 시점에서는 아직 60대. 그렇다면 나머지 '위안부'들은 왜 목소리를 내지 않았을까. 돌아오지 못하거나 이미 사망한 이들도 있었겠지만 '대부분 돌아왔다'고 한다면, 그 대부분은 우리가 생각하는 비참함과는 조금은 다른 상황으로 자신들을 인식했기 때문이었을 것이다. 그리고 '위안부 문제'를 부정하는 이들의 기억을 차지했던 것은 그렇게 나타나지 않았던 이들이 아니었을까. (박유하, 앞의 책, 121쪽)

이어서 박유하 씨는 일본군하고 사랑에 빠진 한 '위안부'

할머니와 피해 보상금을 받은 할머니들 이야기를 합니다. 짜증이 팍 났습니다. 피해 보상금 받는 분, 이해됩니다. 수십만 명이 끌려갔으니 로맨스도 있을 수 있다고 생각합니다. 그러나 수만에서 수십만 명으로 추정되는 분들 중에서 겨우 234명만 '위안부' 피해자로 등록한 이유가 이런 사례 때문일까요? 〈귀향〉에서 정신대 피해 신고를 하러 가 서성이는 장면이 나옵니다. 직원이 이런 대사를 날리죠. "나는 이거 신고하는 사람 하나도 없을 줄 알았어. 미치지 않고서야 누가 이걸 신고하겠어." 이 말이 243명이라는 숫자를 설명할 수 있는 더 정확한 이유가 아닐까요? 아무리 수만에서 수십만 명이라고 해도 돈 몇 푼 때문에 '나 예전에 정신대 끌려갔다'고 당당하게 신고할 수 있는 사람이 얼마나 되겠느냐는 말입니다.

박유하 씨에게 따져 묻고 싶기도 했습니다. 도대체 무슨 말을 하고 싶은 건가요? '위안부'로 산 분들이 단 한 사람이라도 거부하는 책이라면 무료 배포가 아니라 폐기 처분해야 하지 않나요? 학문의 자유가 중요하다고 할 수도 있지만, 씻을 수 없는 피해를 본 사람들을 두 번 죽이는 행동은 조심해야 하지 않을까요? '위안부'라는 삶, 지금 박유하 씨나 제가 감히 상상도 할 수 없는 기억, 상처, 역사는 한 사람이 자기 멋대로 해석할 수 없는 게 아닐까요?

일본 땅 다 줘도 안 되는데

무엇을 어떻게 기억해야 할까요? 우리는 이분들을 위해 뭘 어떻게 할 수 있을까요? 지난달 다녀온 수요 시위가 생각나네요. 손발이 떨어져 나갈 듯한 추운 날씨에도 평화나비네트워크 대학생들은 24시간 소녀상 곁을 떠나지 않습니다. 겨우 몇 시간 참석한 저도 이렇게 추운데, 그곳을 지키는 대학생들은 오죽할까 싶습니다. 자유 발언을 할 때는 속으로 궁시렁거렸습니다. '아, 조금만 짧게 하시지. 아, 똑같은 말을 왜 또 하고, 또 하고, 길게 하고, 늘려 하고 그러지?'

자기가 다니는 학교에 '위안부' 할머니들 문제를 알리는 활동을 펼치고 '평화나비 배지'를 판매한 성금도 들고서 찾아온 여학생들이 발언할 때는 추위도 불평도 멈췄습니다. 할머니들은 저 소녀들보다 더 어리거나 비슷한 나이일 때 일본군에게 끌려가 생사를 오가는 고통의 시간을 보냈겠구나 생각하니 마음이 아려옵니다.

뜨거운 눈물이 흘러 추위를 녹이기도 했습니다. 세월호 피해 부모님들이 모인 '416합창단'의 노래가 울려 퍼질 때, 상처 입은 치유자들이 부르는 노래란 이런 느낌이구나 싶었습니다. '기억할게, 기억할게, 절대로 잊지 않을게.' 상처는, 감히 당사자들이 아닌 한 '툭툭 털고 일어나, 힘내, 잊어'라고 말할 수 없는 거구나 다시 한 번 생각하게 하는 노래였습니다.

유럽연합 캠페인에서 벌어진 일화도 들었습니다. 2007년

캠페인 도중에 한 일본 기자가 길원옥 할머니께 금전적 배상을 어느 정도 원하느냐고 물었답니다. 길 할머니가 우문현답을 날리셨습니다. "일본 열도 전체를 나에게 준들 내가 끌려갔던 열세 살, 그때로 결코 돌아갈 수 없습니다. 내가 일본 정부에 요구하는 것은 역사적 진실을 올바르게 밝히고 인정하는 것, 그리고 그 진실에 근거해 나에게 공식 사과하고 법적 배상하는 것입니다."

이런 마음을 가진 분들을 대신해 국가가 나서서 보상금 몇 푼 받고 굴욕적 합의를 하려는 저의를 도무지 알 수 없습니다. 마침 시위 현장에 길원옥 할머니도 보입니다. 왠지 모를 미안함과 죄스런 마음이 밀려옵니다.

앙겔라 메르켈 독일 총리가 박근혜 대통령보다 백배는 나은 발언을 한 사실이 떠오르면서 부럽고 부끄러워지네요. 2015년 3월에 1박 2일 동안 일본을 방문한 메르켈은 센 발언을 쏟아냅니다. "나치 학살에도 독일이 존경받을 수 있는 이유는 부끄러운 과거를 정면으로 마주한 때문입니다"(3월 9일 《아사히신문》 강연). "과거사 정리가 동북아 화해를 위한 전제가 되는 법입니다"(3월 9일 독-일 정상회담 기자 회견). "한국과 일본은 가치관을 공유하고 있습니다. 위안부 문제를 확실히 해결하는 것이 바람직합니다"(3월 10일 오카다 가쓰야 민주당 대표 회담). 독일 국민들이 부러운 사람은 저뿐일까요?

채시라 언니 정도가 아니었구나

저는 '위안부' 할머니 이야기를 외할머니께 처음 들었습니다. 위안부에 끌려가지 않게 하려고 외할머니가 10대 때 일찍 결혼하셨다고요. 그때는 '위안부'가 뭔지 몰랐지만, 끌려간다는 말 때문에 뭔가 안 좋은 곳에 강제로 데려간 모양이라는 정도는 알고 있었습니다. 그 뒤 드라마 〈여명의 눈동자〉를 보면서 '위안부'가 목숨이 왔다갔다하는 끔찍한 곳에 끌려간 사실은 알았습니다. 그렇지만 채시라 배우가 연기한 여옥처럼 다 큰 어른이 당하는 일이라고 막연히 생각했죠.

어른이니까 괜찮고 어리니까 더 가슴이 쓰리다기보다는 길원옥 할머님 말씀이 생각나서 그럽니다. 열세 살 그때로 돌아가 철없이 중이병도 걸려보고, 친구들이랑 동네방네 뛰놀고, 맵고 지린 무도 뽑아 먹으며 첫사랑에 가슴 뛰어 할 어린 시절로 돌려놓을 수 없으니까요. 오늘 지하철에서 본, 해맑게 웃고 떠드는 그런 소녀들이 겪은 일이라니. 어떻게 기억해야 할지 모르겠지만, '기억할게, 기억할게, 절대로 잊지 않을게'라고 노래 부르던 416합창단처럼, 저도 제가 할 수 있는 방식으로 기억하고 싶습니다. 당신은 어떻게 할머니가 된 소녀들을 기억하실래요?

살아 있는 쿠르디가
찾아온다면?

2015년 9월 2일, 시리아 난민인 세 살짜리 아기 아일란 쿠르디의 싸늘한 주검이 세계를 슬픔에 빠트렸습니다. 저도 온라인에 떠도는 사진을 보면서 '아, 참 안 됐다, 어떡해?' 하고 지나갔습니다. 안 되기는 했지만, 지구 반대편 저 먼 곳에서 벌어진, 나하고 상관없는 일이라고 생각했으니까요. '그 사람들만의 이야기'로 말이죠. 정말 그 사람들만의 일일까요?

아, 또, 왜?

한 달 만에 그 일은 까맣게 잊고, 저는 터키 여행을 준비했습니다. 아껴둔 휴가를 몰아 떠나는 여행이라 출발하는 날까지 빡빡하게 일했습니다. 이른 아침 비행기를 타고는 이륙하는지도 모른 채 잠들어버려 기내식 나올 때나 잠깐씩 깼죠. 이스탄불 아타튀르크 공항에 도착하기 30여 분 전 안내 방송 소리에 잠이 깼습니다. 내리기 전에 화장실이나 다녀오자고 일어서는데 등에서 식은땀이 나고 눈앞이 아찔합니다. 입이 바짝바짝 마르고, 서 있기도 힘듭니다. '어? 갑자기 왜 이러지?' 화장실에 가다가 말고 아무 의자나 붙잡고 꼬꾸라졌습니다. 승무원들이 달려옵니다. 뭐라고 묻는데, 답을 못 합니다. 아무 말도 할 수 없습니다. 부축을 받아 갤리로 갑니다. 눈물이 흐릅니다. 가까스로 붙잡은 정신은 분명 내 몸 안에 있는데 내 몸은 말을 듣지 않습니다. 어떻게 뜨고 있는지 모르는 눈으로 저를 내려다보는 사람들이 보입니다. 어떤 남성이 제 손목을 잡더니 맥박이 안 느껴진답니다. 스르르 눈이 감깁니다.

머릿속은 난리입니다. '나 죽나? 아, 개떡같아. 혼자 떠난 여행길에 비행기에서 쓰러지다니. 아, 또, 왜? 아, 또, 왜요! 하나님, 저 노는 거 싫으세요?' 승무원들이 다리를 높이고, 차가운 물수건으로 찜질을 하고, 찬 콜라를 입에 넣습니다. 시간이 얼마나 흐른지 모르지만 눈이 떠지고, 몸 안에서 뭔가가 도는 느낌이 듭니다. 몸을 일으켜 앉아서 이제 괜찮으니 자리로 돌아가고 싶다고 했습니다. 승무원들은 마음이 안 놓이는지 자리로 데려다주고, 착륙한 뒤에는 휠체어를 탈 수 있게 안내했습니다. 계속 괜찮다고 했지만, 휠체어가 도착할 때까지 비행기에서 꼼짝없이 기다려야 했습니다.

난생처음 비행기에서 공항까지 휠체어 이동 서비스를 받았습니다. 휠체어 타는 무리는 저와 미국인 세 명이었습니다. 그 사람들은 안색이 안 좋다며 저를 걱정했습니다. 혼자 와서 마중 나올 사람이 없다고 하니까 자기 일처럼 안타까워했습니다. 이집트인 할아버지는 아예 자기들하고 함께 가자고 합니다. 제가 잡은 숙소가 공항에서 멀다며 자기가 예약한 가까운 호텔로 가자고 합니다. 호텔에서 기다리고 있는 딸 아이 방을 쓰라고 합니다. 기운도 달리고 혼자 택시 타기도 겁나던 참에 염치고 뭐고 잘됐다 싶어 그렇게 하기로 했습니다.

'뭔 일이야 있겠어? 일단 공짜로 택시도 태워주고 방도 내준다잖아. 딸도 있다는데, 뭐.'

'아이에스'면 어쩌지?

새벽 1시를 훌쩍 넘겨 호텔에 도착했습니다. 호텔 로비에 화려한 화장을 한 아랍계 여성이 서 있었습니다. 딸은 이스탄불에 사는데 어릴 때는 모로코에서 자랐답니다. '모로코? 아빠는 이집트 사람인데? 왜? 모로코에 유학을 갔나?' 조금 이상하지만 너무 피곤해서 죽은 듯 잠들었습니다.

아침이 밝자 '하난'이 저를 깨웠습니다. 낯선 사람한테 방을 내어주고 카우치에서 불편하게 잔 하난이 오히려 저를 걱정했습니다. 두 사람은 이스탄불에서 한 시간 정도 떨어진 교회에 가 예배를 드릴 텐데 특별한 계획이 없으면 함께 가자고 했습니다. 아랍인들이 예배? 신기합니다. 따라가기로 했습니다.

아랍계 사람들이 모이는 교회라니 살짝 겁이 났습니다. 이슬람국가IS, 아이에스들이 벌이는 무서운 사건들이 전세계 곳곳에서 일어나는데 납치는 아닐까 겁이 났습니다. 이즈음 앙카라에서 자살 폭탄 테러도 벌어졌으니까요.

'에이, 그래도 한 시간 거리라니 아니다 싶으면 얼른 택시 타고 도망치지 뭐. 이스탄불에서 가까우니까 별일이야 있겠어?' 함께 택시를 탔습니다. 20분 정도 지났는데, 내리랍니다. 커다란 페리가 정박한 항구였습니다. 여기서 배를 타고 한 시간 넘게 가야 한다고 했습니다. 게다가 우리를 마중한 사람은 시리아 청년이었습니다. '시리아? 시리아 사람이라고? 지금 장난해? 이건 뭐지? 이집트, 모로코, 시리아?' 그때부터 조금 망설여졌습니다. 저를 보며 환하게 웃는 시리아 청년 '모하메드'의 얼굴에는 '나 좋은 사람'이라고 쓰여 있지만, 시리아 사람이라니 마냥 겁이 났습니다. 게다가 한 시간 넘게 배를 타야 한다니, 택시면 어떻게 도망칠 엄두를 내볼 텐데 걱정이었습니다.

항구 근처 까페에 앉아 출항 시간을 기다립니다. 한국에 있는 친구들에게 메시지를 보냅니다. 지금 이런 상황인데 어떻게 하는 게 좋을지 묻습니다. 가지 말라는 친구부터 가보고 아니면 도망치오라는 친구까지 제각각입니다. '아이에스 아니냐? 그러다 납치당하고 쥐도 새도 모르게 죽을 수 있다. 얼른 빠져나와.' 이런 메시지를 보면 지금 당장 짐 챙겨 돌아서야 할 듯합니다. 선택은 오롯이 제 몫입니다.

저렇게 착하고 순하게 생긴 시리아 사람을 처음 만났고, 개종한 무슬림도 처음이라 궁금했습니다. 이렇게 헤어지면 이스탄불에서 편히 쉬고 놀다 집에 갈 수 있지만, 계속 따라가면 납치를 당하거나 이슬람에서 기독교로 개종한 아랍 사람들을 만날 수 있습니다. 배를 기다리는 20~30여 분은 짧기도 하고 길기도 했습니다. 시리아, 모로코, 이집트 사람들이 모두 아랍어를 쓴다는 사실도 처음 알았습니다. 이집트계 미국인 할아버지만 가끔 영어로 제게 말을 걸 뿐, 다른 사람들은 한마디도 알아들을 수 없는 아랍어로 계속 자기들끼리 이야기했습니다. '우리 지금 얘 납치하는 데 성공했다'고 한들 제가 뭘 알겠나 싶고, 계속 따라갈지 말지 머릿속에서 1초 단위로 생각이 오갔습니다. 이집트 할아버지는 모든 비용은 자기가 알아서 할 테니 걱정하지 말라고 했습니다. 머릿속 생각이 읽히나 싶었습니다. 할 수 없이 솔직하게 말했습니다.

"한국에 있는 언니가 아이에스에 납치되는 게 아닌가 걱정하면서 함께 가지 말라고 합니다. 저도 지금 진짜 납치되는 건지 궁금하고, 걱정이 됩니다."

할아버지는 하난과 모하메드에게 아랍어로 통역을 해줬고, 셋은 어이없다는 듯 웃었습니다. 저는 잔뜩 심각한 표정을 지었습니다. 갑자기 셋이 아랍어로 심각하게 이야기를 나눴습니다. 할아버지는 너무 걱정되면 지금이라도 하난이 이스탄불로 데려다줄 수 있는데 어떻게 하겠냐고 물었습니다. 저는 마음이 놓였습니다. 함께 가겠다고 했습니다. 하난의 눈빛에 진심이 담겨 있었고, 걱정하는 제 마음을 알아주는 사람들이라면 적어도 납치범은 아니라고 생각했습니다. 그 와중에도 저는 혼자 비장했습니다. 마음속에는 이런 문구가 스쳐갔습니다. '죽으면 죽으리라!'

수백 명은 탈 만한 커다란 페리에 오른 저는 증거 자료를 많이 남겨야 한다는 생각에 사진을 마구 찍어 친구들에게 보냈습니다. 또 쉬지 않고 돌아다녔습니다. 시시티브이에 많이 찍히고 사람들 눈에 띄고 싶었습니다. 그럼 증인이라도 늘어날 테니까요. 어차피 이 큰 배에 동양인은 저밖에 없으니 더 잘됐다 싶었습니다. 의심을 다 거두지는 못했죠.

한 시간이 좀 넘어 얄로바Yalova라는 곳에 도착했습니다. 배에서 내려 택시를 타고 10여 분 달려 이라크인 목사가 사는 5층짜리 낡은 아파트로 갔습니다. 어두컴컴한 복도, 세 명이 타면 꽉 차는 엘리베이터까지 모두 저를 움츠러들게 했습니다. 배에서 주섬주섬 챙겨 목에 건 호신용 스프레이를 확인하고, 위급 상황을 알리는 호루라기를 만지작거렸습니다. 여차하면 뒤로 빠지려고 무리들 맨 뒤에 섰습니다.

아파트 문이 열립니다. 아이 둘이 뛰어노는 게 보였습니다. 마음이 확 놓였죠. '아이들이 있는데 날 어쩌겠어?' 들어가 앉아서도 마음을 다 놓지는 못했습니다. 물을 주면 다들 마실 때까지 지켜본 뒤 마시고, 저녁밥도 다른 사람들이 집어먹는 음식만 먹었습니다.

저녁 여섯 시가 다 되어 예배당으로 이동했습니다. 어린이 20여 명과 어른 50여 명이 모여 예배를 준비하고 있었습니다. 찬양을 부르고, 기도를 하고, 말씀을 읽고, 설교를 합니다. 하나도 알아듣지 못했지만, 마냥 신기했습니다. 한때는 무슬림이던 이 사람들이 남의 나라에서 난민이 돼 기독교인으로 살고 있는 모습을 보게 됐으니까요.

나중에 안 사실이지만 얄로바는 섬이 아니라 바다를 가로질러 가야 하는 먼 땅이었습니다. 얄로바에는 난민이 많이 살았습니다. 그중에서도 이 교회에는 이집트, 이라크, 요르단, 모로코, 알제리, 시리아에서 온 사람들이 모여 있었습니다. 예배 내내 하나님께 질문을 던졌습니다.

'하나님, 진짜 장난 아니시네요, 어떻게 이렇게 힘든 상황에 있는 사람들에게 예배를 받으실 수 있나요? 이 사람들이 감사하고, 기뻐할 일이 있기는 할까요? 예수님을 믿고 개종을 하고 나서 숱한 어려움을 겪을 텐데요. 난민으로 살기도 힘든데 말이죠.'

세 살 쿠르디 같은

얄로바를 바로 떠나지 않고 영어로 의사소통이 되는 이라크 신혼부부네 집에서 며칠 지냈습니다. 하루는 시리아 출신 가족들하고 산책도 하고 공원에 놀러갔습니다. '시아'라는 세 살짜리 꼬마 아가씨도 함께했습니다. 제가 뭘 사주고 싶다고 하니 손님이니까 자기들이 대접하겠다며 말렸습니다. 난민으로 살지만 마음만은 난민이 아니었습니다. 저는 가까스로 시아에게 아이스크림을 사주고 트램펄린을 함께 탈 기회도 얻었습니다. 시아는 온 얼굴에 아이스크림을 묻히며 해맑게 웃었습니다. 저 하나 믿고 팡팡 뛰는 시아의 모습에 몇 달 전 식당 놀이방 트램펄린에서 놀던 조카 모습이 겹칩니다.

시리아인 젊은 부부의 세 살짜리 딸 시아를 만나 즐거운 한때를 보내다가 갑자기 쿠르디가 생각났습니다. '참 안 됐네' 하고 무심하게 지나간 제 자신이 부끄러워졌습니다. 시아가 어느 날 제 삶으로 불쑥 들어온다면 어떻게 할까? 도저히 상상이 안 됩니다. 도망가는 난민들 발 걸어 넘어트리는 헝가리 기자 욕할 때가 아닙니다. 아무것도 안 하고 마음에 한 번 스치고 지나가는 동정심은 정말 아무것도 안 하는 일이나 마찬가지라는 생각이 들었습니다. 시아가 제 조카들처럼 건강하게 뛰놀고 환하게 웃으며 자유롭게 크면 좋겠습니다. 제가, 그리고 우리가 무엇을 할 수 있을까 궁금했습니다.

무엇을 할 수 있을까요? 진짜 몰라서 묻는 겁니다. 난민은 남 일인 줄 알았는데, 올해 한국에 들어온 시리아 난민 신청자가 200명이라고 합니다. 그중 135명은 임시 난민 자격을 얻어 이미 우리들 곁에 빠짝 다가왔습니다. 난민을 받으면 안 된다는 반대 목소리도 여전히 높습니다. 염려하지 마세요. 한국의 난민 인정률은 경제협력개발기구^{OECD} 국가 중 최하위를 기록하고 있으니까요.

갑자기 궁금해졌습니다. 온라인 속 세 살짜리 쿠르디의 죽음을 안타까워 하는 당신, 우리하고 함께 살겠다며 '살아 있는 쿠르디'가 찾아오면, 그때는 어떻게 하실 건가요?

예수님도 말릴 수 없는 돌 던지는 나,
만나보셨나요?

'아, 진짜 거짓말 하는 것들 너무 싫어.' 사람이 태어나 가장 처음 배우는 방어 기제가 거짓말이라던데, 저는 거짓말하는 사람이 딱 싫습니다. 아주머니들이 농담처럼 바람을 폈으면 들키지나 말지 하듯이 차라리 거짓말하고 들키지나 말지 싶습니다. 같이 일하는 사람 중에 습관처럼 거짓말을 하는 사람이 있었습니다. 위기를 모면하느라 임기응변으로 하는 거짓말이 자기의 일부라도 된 모양입니다.

그 여자의 거짓말

그 여자의 거짓말은 작은 사건 때문에 들통났습니다. 하루는 제가 사무실 에어컨을 끄지 않고 퇴근했습니다. 그 모습을 본 그 사람이 함께 일하는 다른 사람하고 묶인 단톡방에 메시지를 올렸습니다.
'에어컨 켜놓고 퇴근했네요.'
'이런 건 개인 톡으로 주심 좋을 텐데요.'

'○○ 샘도 같이 있어서 여기 썼어요.'

'아, 그래요.'

그런가 보다 하고 넘어갔습니다.

며칠 뒤, 그 사람이 담당하는 외부 강사가 제기한 문제를 제가 대신 처리하게 됐습니다. 강사료가 처음 이야기한 액수하고 다르게 입금된 모양이었습니다. 또한 제가 보조 진행자로 참여하기로 회의에서 결정한 내용도 전달받은 적이 없다고 불평했습니다. 미리 얘기하지 않은 채 강의료를 적게 입금하고 사전 협의도 없이 보조 진행자가 들어온다니 그럴 만합니다. 도대체 무슨 영문인지 몰라 이 사단을 만든 당사자에게 확인하니 자기는 그렇게 안 했답니다. 앞뒤 설명 없이 자기가 책임질 테니 저한테 보조 진행자로 들어가지 말라고, 강사료는 자기가 분명히 말했는데 왜 그러는지 모르겠다고 했습니다.

외부 강사는 제가 근무하는 저녁 시간에 와서 불평을 한바탕 쏟아놓고 갔고, 오히려 뭐가 문제냐고 묻는 그 사람을 다음날 아침에 만났습니다. 둘 중에 한 사람은 거짓말을 하고 있었죠. 고민하다가 함께 일하는 다른 분에게 의논을 했습니다.

"두 분이 하는 이야기가 달라서, 어떻게 해야 할지 모르겠어요. 일단 죄송하다고 말씀은 드렸는데, 뭐가 어떻게 된 건지 헷갈려서요. 누군가는 거짓말을 하는데, 이해가 안 돼요."

"음……내가 이런 말을 해도 되나 싶은데요. 다른 사람한테 말하지는 말아요. 제가 볼 때는 우리 센터 분이 거짓말을 하고 있어요. 지난번에 샘이 에어컨 안 끄고 퇴근한 날, 사실

제가 같이 보지는 않았거든요. 그 샘이 나랑 같이 있었다고 했는데, 사실 거기 없었거든요. 그런데 단톡에 그렇게 쓰더라고요. 그런 뒤에 나한테 말 한마디도 없고, 아무렇지 않게 대해서 좀 놀랐어요. 너무 뻔히 보이는 거짓말을 쉽게 해서. 외부 강사한테는 더 쉽겠죠. 이상하더라고요, 저도 그때."

들고 나니 멍해집니다. 빤히 보이는 거짓말을, 남들 다 알게 하는 모습이 어이없었습니다. 어떻게 살면 오십이 넘어서도 저럴 수 있는지 궁금했습니다. 저는 그 뒤로 업무에 관련된 말만 하고, 단톡방에서도 대화를 피했습니다. 다른 문제들도 마구 일으켜대는 그 사람을 일단 피했습니다. 그러던 어느 날 그 사람도 느꼈나 봅니다. 하루는 제게 말을 걸어왔습니다.

"영서 샘, 왜 저 미워해요?"

"네? 저희가 친구 사이에요? 저희는 한 직장에서 일하는 동료죠. 제가 샘을 왜 미워해요? 그냥 거짓말 안 하시면 좋겠어요. 동료로서 신뢰할 수 있게요."

"제가 언제요?"

"아, 제가 말씀드려도 돼요?"

저는 그 사람이 한 거짓말을 대사 외우듯 차갑게 옮겼습니다. 그 사람이 던진 마지막 한마디에 저는 얼어붙었습니다.

"선의의 거짓말이었어요."

더는 말하고 싶지 않았습니다. 그때부터는 그 사람하고 저 사이에 투명한 벽을 제대로 쌓아올렸습니다. 보이지 않는 벽은 원래 더 단단하고 높이 쌓기도 쉬운가 봅니다.

이런 저를 바라보는 제가 더 불편했습니다. 누군가를 미워하기보다 무시하는 행동이 더 나쁘다는데, 한 사람을 투명 인간으로 취급했으니까요. 어디서 이런 무서운 행동을 할 기운이 뻗쳐 나오는지 모르겠지만, 거짓말하고, 모함하고, 먹거리 뿌리면서 '이러면 나중에 나한테 싫은 소리 못 하겠지' 생각하는 사람을 만나면 구역질이 납니다. 이런 저를 보면서 문득 생각난 성경 이야기가 있습니다.

내 안에 넘쳐나는 돌

율법학자들과 바리새파 사람들이 간음하다가 잡힌 한 여자를 끌고 와서 가운데 세우고 "선생님, 이 여자는 간음하다가 현장에서 잡혀왔습니다. 모세의 법에는 이런 여자를 돌로 쳐 죽이라고 했는데 선생님은 어떻게 생각하십니까?" 하고 물었다. 그들이 이런 질문을 한 것은 예수님을 시험하여 고발할 구실을 찾기 위해서였다. 그러나 예수님은 몸을 굽혀 손가락으로 땅바닥에 무엇인가 쓰고 계셨다. 그래도 그들이 계속해서 질문을 하자 예수님은 일어나 "너희 가운데 죄 없는 사람이 먼저 그 여자를 돌로 쳐라." 하시고 다시 몸을 굽혀 땅바닥에 무엇인가 계속 쓰셨다. 예수님의 말씀을 듣고 그들은 양심의 가책을 받아 나이 많은 사람으로부터 시작하여 하나씩 둘씩 모두 가버리고 예수님과 거기에서 있는 여자만 남았다. 예수님께서 일어나 그 여자에게 "그들이 어디 있느냐? 너를 죄인 취급한 사람은 없느냐?" 하고 물으시자

그녀는 "주님, 없습니다." 하고 대답하였다. 그때 예수님은 "그렇다면 나도 너를 죄인 취급하지 않겠다. 가서 다시는 죄를 짓지 말아라" 하고 말씀하셨다. ─〈요한복음〉 8장 3~11절

이 구절을 묵상할 때면 저는 참 많은 생각을 합니다. 누구라도 생각할 만한 '도대체 간음을 혼자 했냐고, 간음을 같이 하던 남자 놈은 도대체 어디 있대?'부터 시작해 머릿속이 복잡해집니다. 특히 사무실에서 그 사람을 겪으면서 심각하게 고민하게 됐습니다. '나는 왜 거짓말하고, 모함하고, 먹거리로 정치하는 사람을 이렇게 싫어할까?' 결국 상담 공부도 새로 시작한데다가 한 사람을 무시하며 살기도 힘들어서 일터를 정리하고 말았습니다.

지난달에 이 문제를 좀 깊이 생각해보려고 테제 기도회에 갔습니다. 〈요한복음〉 8장의 이 구절이 묵상 본문으로 제시됐습니다. 눈을 감고 묵상했습니다. '나는 이 이야기 속 어떤 대상에게 나를 투사하고 있지? 어떤 위치에서 여기 나오는 예수님을 만나고 있지?'

먼저 저는 옷도 제대로 못 챙겨 입고 끌려온 그 여인이 됩니다. 쪽팔려 죽겠습니다. 그놈은 제가 좋다고 꼬드길 때는 언제고 어디에 있는지 코빼기도 안 보입니다. '나쁜 새끼, 다음에 잡히기만 해봐라. 재수 없는 새끼.' 사람들 곁에 수북하게 쌓인 주먹만 한 돌멩이가 끔찍합니다. 우리 동네 요셉도 마리아도 기세등등하게 돌멩이 하나씩을 집어 들고 서 있습니다. 마

리아 저 년은 자기도 예전에 남의 남자랑 소문난 적 있으면서 어쩌면 저렇게 당당한지. 아무튼 뜨거운 태양 아래 먼지 풀풀 나는데 아무리 고개 떨구고 있어도 무서운 시선과 돌팔매질에서 벌거벗은 이 작은 몸뚱이 하나 숨길 곳이 없습니다.

그런데 예수라는 사람이 던진 말 한마디에 한 사람 두 사람 발길을 돌려 사라집니다. 나를 둘러싸고 있던 무리가 다 사라집니다. 겁이 훅 몰려옵니다. 죄 없는 자는 돌로 치라고 하던데, 예수는 하나님 아들이라던데, 이 사람이 커다란 돌을 들고 와 저를 쳐 죽일 듯합니다. 저는 예수님의 사랑과 용서가 참 미덥지 못한 인간입니다.

영화 〈더 스토닝The Stoning〉(2008)을 본 적 있습니다. 이혼하고 싶은 남편이 아내를 간음한 여자라고 모함해 투석식으로 내몹니다. 투석식을 진행하기로 한 날 온 동네 사람들이 주먹만 한 돌멩이를 손수레로 모읍니다. 사람 하나 죽을 때까지 돌을 던지려면 얼마나 많은 돌이 필요할까요? 아침부터 모은 돌이 산더미처럼 쌓입니다.

여인을 끌고 와 하반신을 땅에 파묻습니다. 날아오는 돌을 피해 얼굴을 가릴 수 없게 손을 뒤로 묶습니다. 친정아버지와 아들 둘이 먼저 돌을 던지면 동네 사람들이 미친 듯이 돌을 던지기 시작합니다. 실화를 바탕으로 한 이 영화에서 먼저 돌을 던지는 사람은 명예 살인을 집행하는 친정아버지와 아들입니다.

또 다른 저는 그 무리 중에 섞여서 끝까지 고민하다가 작

은 돌멩이라도 찾아 던지고 오는 사람입니다. '저년, 지난번에
도 저러더니, 또 저런 더러운 짓을 했네. 내 이런 사단이 날 줄
알았지. 개 버릇 남 주겠어? 저런 년은 본때를 보여줘야 해.
어, 그런데 왜 사람들이 그냥 두고 가지? 안 되는데. 뭐, 나는
그래도 저 여자 같은 간음은 안 했으니까. ……가끔 누구를
미워하기는 해도 죽이지는 않았고, 안식일도 잘 지켰고, 옆집
사는 과부 마리아도 잘 도왔고, 지난번에는 시장에서 고아 요
한에게 밥도 사줬잖아. 어디 그뿐이야? 성전 앞에 있는 거지
보면 꼭 동전이라도 넣어주려 했고. 적어도 나는 저 여자보다
는 나았지. 그러니까, 어디 잠깐만 보자, 그래, 이 정도 크기면
적당하겠네. 이 정도가 좋겠어. 적어도 나는 저 여자보다는 죄
를 적게 지었으니까.' 이러면서 간음하다가 끌려온 여자의 죄
와 내 죄를 나만의 저울로 재어본 뒤 그 차이에 맞먹을 돌멩이
를 찾아서 던지고 올 사람입니다.

내 속의 나 만나기

왜 저는 그냥 넘기지 못할까요? 다른 사람들은 예전에 함
께 일하던 그 사람의 수준 낮은 사내 정치에 놀아나주고 거짓
말도 그냥저냥 넘기면서 살아가는데 말입니다. 그렇다고 그냥
저냥 살아가는 삶이 마냥 좋다는 말은 아니지만요.

아무튼 지금 생각하니 제 안에 이런 여자가 있기 때문이 아
닌가 싶었습니다. 예수님이 뭐라 해도 끝까지 남아 돌을 던지

고 싶은, 던져야 속이 시원한 여자가 제 속에 있는 모양입니다. 당신은 어떤가요? 예수님도 말릴 수 없는 돌 던지는 나, 만나보셨나요?

제가
가봐야 해요?

지금 찾아올 사람이 없는데, 누가 문을 두드리는지 초인종을 누르는지 모르겠는데, 제가 문을 열었습니다. 그 사람을 보자마자 속으로 놀랐지만 얼굴에 드러내고 싶지는 않았습니다. 그 사람이 갑자기 현관에 무릎을 딱 꿇더니 다급하게 중얼거리듯 말했습니다.

"어쩌냐? 나 어쩌냐?"

어딘가로 끌려가야 하는데 어떻게 하냐며 안절부절못하고 불안해하는 모습이었습니다. 아빠라는 사람이 또 뭔가 나쁜 짓을 저질러서 경찰이 잡으러 왔나 생각했습니다. 어찌됐든 저만의 안전한 공간 안으로 그 사람이 들어오지 못하게 막자는 생각에 현관 앞에 서 있었습니다. 그 사람은 무릎을 꿇고 계속 중얼거렸습니다.

"어쩌냐? 나 어쩌냐?"

무릎 꿇고 앉은 사람을 어떻게 대해야 할지 알 수 없었습니다. 그 사람이 제 앞에 무릎 꿇은 꼴도, 어찌할 줄 몰라 허둥지둥하는 꼴도 처음 봤습니다. 저를 괴롭히던 젊은 시절의 그 사람 모습이지만, 아주 절박한 상황이라는 정도는 직감적으로 알 수 있었죠. 저는 그 사람에게 다가가 어깨를 토닥이며 말했습니다.

"괜찮아요, 잘 가세요. 괜찮아요, 잘 가세요."

꿈이라 다행인 일

눈을 떴습니다. '휴, 꿈이었구나.' 정말 오랜만에 아빠라는 사람이 등장하는 꿈을 꾼 날이라 찝찝하고 짜증났죠. '다행이다. 꿈이었어. 그 사람이 집을 알고 찾아왔나 싶어 완전 놀랐는데.' 한편으로는 이런 말로 마음을 다독였지만요. 그 사람 몸뚱이에 손을 대는 도저히 이해할 수 없는 끔찍한 순간도 마주했지만, 그나마 꿈이어서 다행이라고, 꿈이니까 그럴 수 있다고, 그래도 나만의 안전한 공간은 지킨 셈이라고, 제 자신을 다독였습니다.

20여 년이 지나도 그 사람은 꿈속에서 제 몸의 세포까지 공포에 떨게 하는 존재였습니다. 슬프지만 꿈에 휘둘리고 싶지 않았습니다. '생각 안 해야지'라고 생각하면 할수록 더욱더 그 느낌 속으로 빨려드는 느낌도 들면서, 복잡한 아침 시간을 보냈습니다.

다행스럽게도 그날은 큰언니 같은 목사님을 만나는 날이었습니다. 이야기 나누고 털고 와야지 하면서 무겁고, 더럽고, 안 좋은 기분을 싹 다 챙겨 집을 나섰습니다. 매달 한 번씩 목사님을 만나 맛난 밥 먹고 살아가는 이야기도 나누면서 영성 멘토링을 받거든요. 초라하기 그지없는 제 영성 생활은 든든한 큰언니 덕분에 가느다란 실처럼 이어지고 있습니다. 가뭄에 단비 같은 믿음직한 큰언니를 만나 사랑의 빚을 지며 깨어 있으려 노력하죠. 목사님은 잔소리를 안 합니다. 잔소리를 해도 제가 못 알아들을지 모르지만 '자유로운 영혼'이자 (소심해서 회장은 못 하지만 어디 가서 소심하기로 둘째가라면 서러울) '작은마음회 부회장'인 저를 늘 있는 그대로 받아주시죠. 그러다 보니 슬플 때는 슬프다고, 억울할 때는 억울하다고, 겁날 때는 겁난다고, 고기 먹고 싶을 때는 고기 먹자고 목사님을 찾아갑니다. 언제든 연락해 만날 수 있는 큰언니라는 존재가 감사하기 그지없습니다.

이날도 평소처럼 한 달 동안 지내온 삶을 나누고, 멘토링을 받고, 마지막에는 꿈 때문에 겁나고 짜증난 일도 이야기했습니다. 목사님이 대뜸 되물었습니다.

"그래도 자세가 나쁘지 않은데요?"

"자세요?"

"아무튼 그 사람이 무릎을 꿇고 자매가 서서 있었으니까, 그냥 나쁘지는 않으니까. 너무 휘둘리지 말고, 기억은 해둬요."

"네."

목사님 말씀을 들으니 나쁘지는 않은 듯합니다.

죄 지은 자의 벌 받기

평범한 시간이 한 달쯤 흐른 어느 주말 아침, 막냇동생이 갑자기 전화를 걸어왔습니다.

"왜?"

"어, 누나. 누나 보고 오라는 말은 아니고, 혹시 돌아가실지도 몰라서 연락했어. 아빠가 지금 교통사고가 났는데, 의식 없이 혼수상태로 응급실로 이송 중이라고 연락을 받아서 가고 있는 중이야."

"알겠어."

오라는 말은 아니라고 동생이 콕 집었지만, 그 사람이 죽는다고 해도 가볼 생각은 없었지만, 막상 이런 연락을 받으니 당황스러웠습니다. 가끔 죽이고 싶다고, 그냥 죽어버리면 좋겠다고 생각도 했지만, 언제부터 그럴 겨를도 없이 사느라 바빴죠. 전혀 예상하지 못한 일이 벌어져 제 마음도 어떤 표정을 지어야 할지 모르는 듯했습니다. 목사님에게 문자로 물었습니다.

'목사님, 아빠라는 사람이 교통사고가 나서 지금 응급실로 실려 간다는데, 저 어떻게 해요? 제가 가봐야 해요?'

'한 달 전에 꾼 꿈을 생각해봐요. 그리고 편한 대로 해요.'

그 사람은 몇 달을 혼수상태로 누워 있다가 세상을 떠났습니다. 하나님을 믿지 않는 올케가 말하더군요.

"내가 하나님 안 믿는데도, 하나님한테 벌받는 느낌이더라."

"우리, 분향은 안 할게"

그 사람의 장례식장에 너무 안 어울리는 사랑스런 조카들이 이리저리 뛰어다니며 손님들을 맞이했습니다. 블루마블을 들고 와서 밤늦은 시간까지 게임을 했죠. 저도 고모로서 조카들 수준에 딱 맞춰서 잘 놀았고요. 시간은 빠르게 지나갔습니다.

"우리 분향은 안 할게."

"나도 안 했어."

친구들이 찾아왔습니다. 분향 따위는 안 하는 우리는 자리 잡고 앉아 오랜 시간 염원하던 가해자가 사라진 순간을, 제가 꾼 꿈을 이야기했습니다. 분향은 안 한다는 친구들을 보면서 올케들은 역시 언니 친구들이라며 엄지척을 합니다. 올케들도 자리를 옮겨 한참 신나게 떠들었습니다. 멋진 여성들이죠. 어떤 편견도 없이 저를 있는 그대로 받아준 자매애는 그냥 고맙다는 말 한마디로 넘어갈 수 없을 정도니까요. 코로나 때문에 오랫동안 얼굴을 못 보고 있지만, 나중에 조카들이 커서 말귀를 알아들을 정도가 되면 제 얘기를 들려줄 겁니다.

저기로 가면
그곳이 나오나요?

어두운 곳을 걸어가고 있었습니다. 영화 〈부산행〉(2016)에서 마지막 장면에 나오는 터널 같은 곳이었죠. 뭘 마구 쌓아놓아 겨우겨우 걸어갔습니다. 저 끝에도 뭐가 잔뜩 있는지 빛이 거의 들어오지 않았습니다. 끝이 안 보였습니다. 발밑에 상자도 넘고 손으로 더듬거리면서 들어갔습니다. 반대편에서 오는 사람에게 물었습니다.

"저기로 가면 그곳이 나오나요?"

"없을걸? 그런 곳."

"없다고요?"

어리둥절해하며 가서 그 사람 만나야 하는데 싶은 마음에 재차 물었습니다 그렇지만, 방금 지나친 사람도 금세 사라졌습니다. '아, 아빠라는 사람 만나서 나 당신이 말한 대로 인생 망하지 않았다고 보여줘야 하는데, 어떡하지? 그 사람 말대로 안 살았다고 꼭 말해야 하는데……' 중얼거리다 깼습니다.

"나는 네게 증명할 필요가 없어"

　침대에서 눈을 뜨자마자 꿈이라는 사실을 알았습니다. 저도 모르게 무릎을 꿇고 엎드렸어요.
　"아……그 사람 죽었지."
　상담사 선생님과 가까운 친구들에게 꿈을 문자로 남겼습니다. 꿈을 기억하려고 기록하는 여러 방법의 하나입니다. 꿈 일기도 쓰고, 요즘은 핸드폰에 저장할 때도 있습니다. 꿈에서 깬 뒤에 밀려오는 슬픈 느낌을 오래 기억하고 싶기도 했습니다. 혼자 멍하니 앉아 꿈속에서 걸어 들어가던 터널을 다시 떠올렸죠. 꼭 제가 살아온 삶의 어느 순간들 같아서 눈물이 고입니다. 그 사람에게 제가 잘 살아낼 수 있다고 증명하느라 열심히 살았나 싶어 가슴이 미어졌죠. 조금 뒤 친구들이 보낸 문자가 속속 들어오기 시작했습니다.
　'증명할 필요 없어. 그냥 김영서로 충분해.'
　'꿈에서, 생시에서 누구보다 그 사람에게 나의 인간 존엄을 말하고 싶었을 거예요. 사실 스스로에게! 그리고 가까이 있는 벗들에게.'
　'언니는 이제 자유인……. 캡틴 마블이 남긴 유명한 대사가 있잖아. 난 너에게 증명할 필요가 없어. I have nothing to prove to you.'
　'영서야, 사람들한테, 심지어 자신한테도 아무것도 증명 안 해도 될 거 같아…….'

'예전에는 그 사람이 쫓아오는 꿈이었는데, 오늘은 언니가 찾아가는 꿈이었네요.'

상처를 극복한 증명을 하지 않아도 된다, 장하다, 실수해도 괜찮다, 좀 잘못해도 문제없다, 강박적으로 노력하지 않아도 된다는 말을 들으면서 팽팽한 고무줄처럼 잔뜩 긴장하고 산 시간들이 어깨를 툭 치며 저를 바라보는 듯했습니다.

아침부터 눈물이 주르륵 흘렀습니다. 감사하기도 했지만, 제 자신을 원망하기도 했습니다. 너무 피곤했거든요. 긴장의 끈을 놓고 흐물흐물하게 살 수 있는지 궁금하기도 했고요. 다른 사람을 이해하고 품으려면 조금 더 보드랍고 말랑해질 시간이 필요했습니다.

여유롭고 넉넉하게 살고 싶은 마음은 간절한데 너무 늦지는 않았을까? 증명하느라 부지런히 살던 시간을 멈출 수 있을까? 조금 게으르고, 더 느리고, 자주 멍 때리면서 낯설게 살아보고 싶습니다. 조금만 힘 줘도 띵 하고 끊어지는 팽팽한 고무줄 같은 삶에 작별을 고합니다. 가해자는 죽었고, 저는 예전이나 지금이나 '나'로 살아가고 있으니까요. 1인분의 삶을 오롯하게 말이죠.

증명하려 애쓰지 않는 삶을 위해

그 사람이 죽은 뒤에도 습관처럼 나를 증명하기 위해, 그 사람 때문에 무너지지 않고 제 삶을 살아내기 위해 여전히 애

쓰다 보니 뜻하지 않게 가까운 이들하고 상처를 주고받을 때가 있습니다. 그동안 그런 저를 견뎌준 친구들이 진심으로 고맙습니다.

당신은 어떤가요? 우리는 그럴 필요가 없다는 사실을 잊은 채 부모님에게, 애인에게, 배우자에게, 자녀에게, 친구에게, 동료에게 뭔가를 증명하려 애쓰지 않나요? 유독 누군가에게 뭔가를 증명하고 싶어하지는 않나요? 한번쯤 자기 자신을 살펴보시기를 바랍니다. 증명하지 않아도 된다는 말에 기운이 빠졌지만, 참 기분이 좋았거든요.

타임머신 타고 가서
만나고 싶은 사람이 있나요?

"작가님, 저희 팀원들도 같이 나가도 될까요?"

"네!"

제 사건을 담당한 '축복 같은 형사님'이 낯설고 낯선 호칭으로 저를 부릅니다. 몇 시간 뒤면 도착인데 둘만 점심 식사를 하기가 쑥스러운지 팀원들하고 함께 봐도 되느냐고 물어보시네요. 세상이 변하긴 변한 모양입니다. 예전 같으면 쉬쉬하며 만날 텐데, 팀원들을 다 끌고 나온다 하시니.

스무 살로 데려가는 타임머신

전화를 끊고 창밖을 보는데 울컥합니다. 기차는 어느새 타임머신이 돼 스무 살의 저를 경찰서로 데려갑니다.

맞아서 부어터진 얼굴에 온몸이 멍든 저, 정신 줄 놓기 일보 직전에 풀린 눈동자, 횡설수설하면서 책상 밑으로 들어가 숨으려는 저를 보면서 형사 아저씨는 이런 상태로 진술이나 제대로 할 수 있을까 걱정했겠죠. 아빠라는 사람이 등장하자

겁에 질린 저를 서장실에 숨겨주고, 평범해 보이는 아빠라는 사람을, 게다가 목사라는 사람을, 친족 성폭력 피의자로 잡아오면서 저라는 사람이 어떻게 보였을지 도무지 상상할 수가 없습니다. 9년 동안 깊은 곳보다 더 깊은 곳에 꽁꽁 숨겨온 제 삶을 털어놓을 때, 그렇잖아도 부끄럽고 어디부터 어떻게 시작해야 할지 모르던 이야기를 해야 할 때, 그분이 아니었다면 밤새 마음 편히 진술할 수 없었겠죠. 보통 사람처럼 보이는 목사 아빠를 잡아온 형사 아저씨는 그 사람이 제 인생에 마구 휘갈긴 악한 짓거리들을 진술서에 촘촘하게 채우셨습니다. 새벽이 될 때까지 하고 또 하는 제 이야기를 들으면서 저보다 더 화를 내셨죠. 그때 저는 화내거나 욕할 정신도 없었습니다. 이왕 다 터진 지금, 더는 도망갈 곳도 없고 숨을 필요도 없는데, 말할 수 있는 만큼 말하고 더 또렷하게 기억해내자는 다짐을 했죠. 형사 아저씨는 저를 부끄럽게 만들지 않으면서도 아빠라는 사람이 지은 죄를 최대한 낱낱이 밝혀 정확하게 죗값을 치르게 하려고 벼르는 회계사 같았습니다.

그날 그 시간을 떠올리며 글을 쓰려니 눈물이 핑 돌았습니다. '난생처음 보는 아저씨에게 이렇게 자세히 말해도 되나? 상담 교수는 내 말을 새 발의 피만큼도 안 듣고 너무 놀라 나를 집으로 돌려보내던데, 방문이나 꼭 잠그고 자라던데, 이렇게 다 말하면 뭐가 달라지기는 할까?' 성폭력 특별법이 있는지도 몰랐고, 그저 빨리 도망가 아빠라는 사람을 피해 꽁꽁 숨어 살고 싶을 뿐이었습니다.

여전히 수사 과정에서 2차 가해를 당해 힘들어하는 피해자를 만나면 안타까워 혼자 가슴을 쓸어내립니다. 지금 누리는 안전함과 자유가 새롭습니다. 오랜만에 소환된 스무 살 영서는 눈물을 그렁거리며 마음속으로 속삭이죠. '감사합니다, 감사합니다.' 누렇게 물들어가는 들녘을 바라보니 짧은 기차 여행이 더 감사합니다.

사기 피해자가 아니라 사기충천자

역에 내려 경찰서로 가자고 하니 대뜸 택시기사가 묻습니다.
"뭐, 사기당했어요?"
"아니요, 아는 분 만나러 가요."
"아, 누구 만나러 가시는 거구나."
경찰서에 간다고 하면 저 같은 사람은 사기 피해자처럼 보이나 봅니다. 경찰서에 강의를 갈 때도 택시 기사가 무슨 일이냐며 걱정해주기도 합니다. 강의 간다고 하면 저런 아가씨가 무슨 강의를 할까 하는 표정으로 백미러를 쳐다봅니다.

경찰관들에게 강의를 하면 늘 이런 말을 합니다. 범죄 피해자가 처음 만나는 공권력, 도움을 줄 수 있는 힘을 가진 이가 경찰관이라고요. 길거리에서 위험한 상황을 마주치거나 대중교통을 타고 가다가 이상한 사람을 만날 때, 도움이 필요한 상황이 되면 경찰이 가장 먼저 떠오릅니다. 친구들은 이렇게 놀립니다. "너는 세금 내는 거 아깝지 않겠다. 경찰이 민중의

지팡이라는데, 너한테는 진짜 그런 거 같아." 제가 받은 첫인상이 좋아서 그렇기도 하지만 한 사람의 일생에 중요한 영향을 미치는 때 만나는 분들이니까 더 중요합니다. 그래서 경찰 대상 강의를 준비할 때면 더 설레고, 준비도 더 잘하고 싶어집니다. 고마운 마음도 담고, 은혜 갚고 싶은 열의도 듬뿍 들고 갑니다.

오늘은 경찰서에 가지만 강의하는 날은 아닙니다. 20년 넘는 시간 동안 그 형사님이 얼마나 변했을까 잔뜩 기대하면서 기차를 탑니다. 사실 바뀐 정도를 알아볼 수 없을 겁니다. 제가 그때 그분 얼굴을 떠올리지 못하니까요. 그분도 저를 기억 못 하실 겁니다. 서로 처음 만나는 사이나 마찬가지이지만, 제 고마운 마음은 잘 전달되기를 바라면서 경찰서 문을 엽니다.

"작가님, 여기가 우리 팀 사무실이에요."

제 책 개정판에 단정하게 제 이름을 쓰고 고마운 마음을 담아서 드립니다. 모든 팀원이 저를 반깁니다. 팀장님이 뭐라고 소개한지 모르지만 이미 제가 누구인지 알고 있는 듯합니다.

"서울서 유명한 분 오신다고 하셨어요."

"제가 소개하는 글은 읽어봤는데, 책은 나중에 읽어볼게요."

"아휴, 아니에요. 그런데 진짜 팀 분위기가 좋네요."

"팀장님이 좋으셔서 팀 분위기가 좋습니다."

아무 편견 없는 밝고 편안한 웃음을 주고받으면서 내심 부여잡고 있던 긴장의 끈을 놓습니다. 아직도 저는 사람들 만날 때 '나를 어떻게 볼까?' 하고 걱정부터 하나 보네요. 팀원들도 안 가본 고급 식당에 가서 '흑염소떡갈비'를 처음 먹습니다. 진짜 경찰들 맞나 싶게 다들 친근하고, 편안하고, 무엇보다 재미있습니다.

"작가님, 책에는 그때 말하지 않은 것들도 더 있더라고요."

팀장님이 뭔가 기억하시는 듯 말하시네요. 하기야 하룻밤에 마무리한 진술서 몇 장에 9년 동안 제가 겪은 무거운 삶을 다 담기는 어렵죠. 지능 범죄가 뭐냐는 식의 뻔한 질문들을 하는 제가 한층 더 평범해진 느낌이 듭니다. 제 이야기에만 집중하지 않아도 되는, 저라는 사람을 특별히 대하지 않는 이런 만남이 참 좋네요. 아쉬움 가득한 인사를 나눈 뒤 가까운 순천만국가정원에 들릅니다. 오늘을 시작한 아침부터 지금까지 한 장면씩 떠올리면서 파란 가을을 걷는데, 마음이 충만합니다.

"그래, 고마운 사람을 오래오래 기억하는 게 좋은 거구나."

따끈한 밥을 먹을 때처럼 혼자 꼭꼭 곱씹어 말해봅니다. 보잘것없는 작은 마음이지만 제가 건넬 수 있는 고마움을 전하면서 사는 삶을 오래도록 이어가고 싶은 오후입니다.

이야기를 마무리할 때쯤 궁금해 형사님께 물었습니다.

"어떻게 1994년 성폭력특별법이 막 시작된 그때 2차 피해 없이 조사를 잘 하셨어요?"

"저는 매뉴얼대로만 했어요, 매뉴얼대로."

겸손한 우문현답에 미소짓게 됩니다.

오래 기억하는 고마운 사람들

집에 돌아와 노트북 앞에 앉아 있는데 눈물이 흘렀습니다. 그해 여름 우리 모습을 서로 기억하지 못하지만, 저나 형사님이나 그때 받은 느낌만은 생생하게 떠올랐거든요. 이번에 다시 만나서 안 사실인데, 그때 형사님이 20대였답니다. 파출소 근무를 마치고 막 형사가 돼 정의감에 불타던 시절이었대요. 눈빛에서는 여전히 20대 청년 형사의 모습이 보였습니다.

다시 생각해도 그때 이분을 만난 일은 참 다행이었습니다. 저 같은 폭력의 피해자들이 참 다행이라고 느낄 수 있는 사람들이 점점 더 많아지면 좋겠습니다.

질문하면서 살고 있나요?

질문하는 삶이 일상에 들어오면 어떤 변화가 생길까요? 질문을 계속하면서 사는지 묻는 삶은 세상을 어떻게 바꿀 수 있을까요? 2020년 5월 29일, 저는 《세상을 바꾸는 시간, 15분》(CBS)에 〈내 방에서 n번방까지 — '그녀들'의 이야기 어떻게 들을 것인가〉에 출연했습니다. 많은 분들이 보고, 함께 울고, 같이 박수도 쳐주셨어요. 그래서 그 강연을 정리해서 여러분에게 들려드리기로 했습니다. 참, 저도 여러분에게 묻고 싶어요. 여러분, 질문하면서 살고 있나요?

내 방에서 엔번방까지, 어떻게 들을까요?

안녕하세요. 저는 《눈물도 빛을 만나면 반짝인다》라는 책을 쓴 김영서입니다. 얼마 전까지 디지털 성폭력 피해자를 상담하는 일을 했고요, 지금은 폭력 예방 전문 강사로 강의를 하고 있습니다.

여기 제가 쓴 책 표지가 있습니다. 먼저 다른 그림 찾기부터 시작해볼까요? 발견하셨나요? 네, 지은이 이름이 '은수연'에서 '김영서'로 바뀌었습니다. 초등학교 5학년 때부터 대학교 1학년 때까지, 저는, 9년 동안 친아빠라는 사람에게 성폭력을 당했습니다. 날마다 하나님께 기도할 때 빼고는 어느 누구에게도 말하지 못하고 9년을 살았습니다. 집을 나온 뒤에 '내 방'에서 겪은 친족 성폭력 경험을 글로 쓰면서 참 많이 울었습니다.

지금 이 진한 쌍꺼풀 보이시나요? 울다가 자리잡은 쌍꺼풀입니다. 그렇게 잘 울던 제가 어느 날 조용한 예배당 한구석에 엎드려 눈물을 뚝뚝 흘리고 있었는데요, 문득 엎드린 채 눈을 떴어요. 그런데 뭔가 반짝반짝하는 거예요. '이게 뭐지?' 창문으로 들어온 햇빛을 만난 제 눈물이 빛나고 있었습니다. 그때 눈물도 빛을 만나면 반짝일 수 있다는 사실을 깨달았습니다.

초등학교 5학년 꼬맹이가 아빠라는 사람에게 성폭력을 당하며 아무에게도 말하지 못하고 산 9년이라는 시간, 상상이 되십니까? 여러분이라면 어땠을까요? 말하지 못하는 어려움, 그 답답함을 아는 저는 엔번방 피해자들을 생각하면 잠이 안 올 지경입니다. 오늘은 그래서 '내 방에서 엔번방까지 — 그녀들의 이야기 어떻게 들을 것인가?'라는 주제로 이야기를 나누고 싶습니다.

5학년 때부터 저한테 벌어진 이 재수 없는 일은 도대체 뭘까 하면서 고민하고, 질문하고, 또 질문했습니다. 논문 몇 편을 쓰고도 남을 일기를 썼고요. 제가 성폭력 문제만큼은 독학으로 초등학교 때부터 공부한 사람입니다. 그때는 '성폭력'

이 아니라 '강간'이라고 불렀어요. 강간은 늦은 밤에 모르는 사람에게 끌려가 당하는 일이라고 생각했죠. 사극에서는 여성들이 강간당할 위기에 몰리면 은장도를 꺼내 자기 심장을 찌르고 벼랑으로 몸을 던지는 장면을 보여주던 때거든요. '아, 나는 참 재수 없구나, 나도 은장도로 내 심장을 찔러야 하나? 벼랑으로 내 몸을 던져야 하나?' 이런 생각에 자살도 여러 차례 시도했습니다.

9년의 침묵을 깨고, 말할 수 있기까지, 제 눈물에 찾아온 빛 같은 친구들이 참 많습니다. 울다 지쳐 잠든 저를 위해 아침으로 콩나물국을 끓인 친구, 학비가 없다는 사실을 알고 알바를 해서 보탠 친구, 그런 친구들 덕분에 지금의 제가 있습니다.

2012년에 책을 낸 뒤에 북 콘서트도 열고, 폭력 예방 교육이나 강연을 하고 있습니다. 다양한 시민이 모인 곳에서 제가 은수연이라고 소개하면서요. 그런 제가 세상이 변화하고 있다고 느끼게 된 일들이 있었어요.

2013년인데, 강연 도중에 한 할아버지가 소리치는 거예요. "아버지가 한 부끄러운 짓을 얘기하고 다녀? 부끄러운 줄도 모르고!" 마음이 너무 아파 강연 마치고 무대 뒤에서 한참 운 기억이 납니다. 작년에는 고등학교에 강의를 갔는데, 끝나니까 한 학생이 뛰어나와 묻더군요. 한번 안아도 되냐고요. 제가 고개를 끄덕이니까 저를 안고 펑펑 울면서 그래요. "저, 작가님 책 세 번 읽었어요. 이렇게 만나게 되다니……꼭 한번 만나고 싶었는데."

저처럼 친족 성폭력 피해를 경험한 친구들하고 함께 '친족 성폭력 공소시효 폐지를 위한 액션 공폐단단'을 꾸려서 피켓을 들고 거리로 나가기도 했어요. 많은 시민이 관심을 보였어요. 피켓 문구를 보고는 친족 성폭력에 공소 시효도 있냐고 묻는 분들, 당연히 없어져야 한다고 말하는 분들.

여러분은 어떤가요? 어떤 반응을 보여주실 수 있나요? 저는 '아, 세상이 변하고 있구나' 하는 느낌을 받았어요. 2020년 3월 8일 '세계여성의 날'을 맞아 저자명을 '김영서'로 바꾸고 제 책 개정판을 냈습니다. 듣는 분들이 변화한 덕분에 제가 미투를 할 수 있었습니다.

내 방에서 엔번방까지, 우리가 할 일 세 가지

'내 방'에서 고통을 겪은 친족 성폭력 피해자부터 요즘에 제가 상담하면서 만난 디지털 성폭력 피해자까지, 그 밖에도 직장 내 성희롱, 데이트 폭력 등 다양한 성폭력 피해를 경험한 분들이 안전하게 말할 수 있는 세상을 만들기 위해 우리는 어떻게 하면 좋을까요? 세 가지를 제안하고 싶습니다.

첫째, 성폭력을 '성'이 아니라 '폭력'의 문제로 보는 겁니다. 성폭력은 폭력이지 성의 문제가 아닙니다. 우리가 피해자를 그렇게 보기 시작하면 피해자가 느끼는 수치심이나 죄책감이 조금은 가벼워지지 않을까요? 수치심과 죄책감을 느껴야 하는 이들은 가해자이지 피해자가 아닙니다. 성이 아니라 폭력으로 강조점을 옮기는 일이 아주 중요합니다. 성적 수치심이라는 부담스런 시선을 거둘 때, 피해 내용이 궁금해 관련 영상을 찾아 클릭하려는 손을 멈출 때, 피해자가 자기 문제를 조금 더 편안하게 인식하고 가까운 사람들을 만나 소통하며 지낼 수 있지 않을까요?

제 사건을 담당한 형사님이 그랬습니다. 제가 수치심을 느끼지 않도록 진술을 받는 과정에서 제 잘못이 아니라는 생각을 온몸으로 표현하셨어요. 제게 일어난 폭력을 성적인 문제가 아니라 폭력, 끔찍한 범죄로 받아들였고, 너무 아파하고 힘들어하면서 밤새 담배를 뻑뻑 피우셨어요. 아빠라고 부르지도 말라던 말이 기억납니다. 제 사건을 담당한 검사님도 마찬가지였고, 제가 만난 한국성폭력상담소 활동가들도 똑같았습니다. 제게 일어난 성폭력을 성의 문제가 아니라 폭력의 문제로 인식할 수 있게, 제 안에서 변화가 시작되게 해주신 분들이 많았네요.

여러분은 성폭력을 이야기할 때 어디에 강조점을 두고 계신가요? 우리 곁에서 함께 살아가는 사람들에게 일어난 사건이나 피해물을 성적인 대상으로 여기는 태도를 버리고, 응원하고 지지해주세요. 성폭력은 성적인 일이 아닙니다. 폭력입니다.

둘째, 피해자들이 하는 말을 들을 때 갖게 되는 '왜'를 조금 다르게 써보는 겁니다. 판단하기 위한 '왜'가 아니라 이해하기 위한 '왜'를 말하는데요. 이를테면 이런 겁니다. "왜 지금까지 말하지 않았냐?", "왜 가만히 있었냐?", "왜 그런 영상을 찍어서 보냈냐?" 이렇게 묻지 않고, 피해자의 처지에서, 피해자를 이해하기 위해 '왜'를 쓰는 겁니다. "왜 지금까지 말하지 못했을까?", "왜 가만히 있을 수밖에 없었을까?", "왜 영상을 찍어서 보낼 수밖에 없었을까?" 이런 식으로 피해자를 공감하고, 자기 안에서 피해자의 세상을 이해하는 겁니다. 공감은 관심을 기울이는 행동이고, 우리 자신을 확장하는 시도이며, 어떤 판단도 하지 않고 이야기를 듣는 실천입니다.

"왜 그렇게 오랜 시간 말하지 않았니? 너도 즐긴 게 아니니?" 제게 이렇게 물어본 상담학과 교수가 있었어요. 그 '왜'는 저를 두 번 죽이는, 너무도 아픈 '왜'였습니다. 그렇지만 아무 말 하지 못하고 친족 성폭력을 겪은 9년이라는 그 긴 시간을 이해해주는 '왜'를 가지고 자기 자신을 확장해준 사람이 더 많았습니다. 한국성폭력상담소에서 만난 언니들, 교회 친구들, 네 잘못이 아니었다고, 오랫동안 말 하지 못하고 폭력을 당할 수밖에 없는 상황이었다고 저를 이해해준 사람들 말이죠. 그 사람들은 초등학교 5학년부터 대학교 1학년까지 제가 산 세상을 이해하기 위해 자기 자신을 확장했습니다. 아프고, 힘들지만 말이죠. 그럴 때, 피해자들은 말할 수 있습니다.

몇 해 전 강연을 마치고 저녁 먹는 자리에서 한 분이 어릴 적에 성폭력을 당한 경험을 말씀하셨어요. 20년 지기 친구라는 다른 분이 정말 서운해했죠. 그런데 서운해하실 필요는 없었어요. 20년 동안 묵묵히 함께한 친구가 있고, 말해도 될 만한 분위기가 되고, 서로 이해할 수 있을 만큼 '확장된 자기'들이 모인 그 시간과 그 공간이기 때문에 20년 동안 꽁꽁 묶어 놓은 성폭력 피해를 말할 수 있는 거죠.

마지막, 셋째 방법은 피해자란 포르노 콘텐츠가 아니라는 사실을 알리는 겁니다. 피해자들은 피해 내용이 자세히 묘사된 기사 속에 등장하는 '불쌍한 여자 주인공'이 아니고, 디지털 성폭력 피해물에 포함된 콘텐츠도 아닙니다. 저를 비롯한 성폭력 피해자들은 똑같이 평범하게 살아가는 사람들입니다. 피해를 입을 만해서 입은 사람도 아니고, 뭔가 잘못을 저지른 탓도 아닙니다. 피해자들을 만나면서 이런 말을 자주 들어요. "내가 성폭력 피해 상담을 받게 될지 몰랐어요." 저도 제가 친족 성폭력 피해자가 될지 모른 채 그 집에서 태어나고 자랐거든요. 제가 만난 피해자들은 자기가 피해자가 될지도 모른다는 생각을 전혀 못 했어요. 피해자는, 어떤 특별한 존재가 아니라, 나와 너, 우리하고 똑같은 사람입니다. 나하고 똑같은 평범한 사람이라면, 피해자는 어떤 삶을 누려야 할까요? 맞습니다. 우리가 살아가는 평범한 일상입니다. 밥 먹고, 잠도 자고, 학교 다니고, 직장 다니는.

피해자들이 평범한 사람, 너무 평범해서 카페나 마트에서, 일터나 학교에서, 심지어 집에서 함께 살아도 알아채지 못할 수도 있습니다. 제 책을 읽은 한 내담자가, 처음에는 제가 은수연인지 모르다가 나중에 알고는 이런 이야기를 했어요. "선생님, 저도 이제 잘할 수 있을 것 같아요. 제가 처음 책을 읽고 안 은수연은 아주 강하고, 세니까, 그러니까 이 문제를 극복했지 생각했거든요. 그런데 선생님을 만나보고 달라졌어요. '아, 나도 할 수 있겠구나. 그냥 평범한데도 잘살잖아.'"

지금 이렇게 용기 내 말하고 있는 저는 참 평범합니다. 여리고, 작고요. 여러분처럼 저도 제 책을 보면 여전히 눈물을 흘립니다. 친구들 만나 맛난 것 먹으며 수다 떠는 시간을 행복이라여기고요. 코로나 때문에 불안한 시간도 똑같이 보내고 있습니다. 성폭력 피해자들을 위한 재단을 만들고 싶다면서 로또도 사고요. 지금까지 학자금 융자를 갚고 있고, 늘 진로와 취업을 고민하고, 나이가 들면서 노후도 걱정합니다. 정말 똑같죠?

내 방에서 엔번방까지, 무엇부터 하실 거예요?

친족 성폭력, 직장 내 성희롱, 데이트 폭력, 디지털 성폭력까지 다양한 피해를 경험한 분들이 저처럼 긴 시간 침묵하지 않아도 되는, 안전하게 말해도 되는 세상, 여러분들이 만들어주세요.

이토록 평범한 저를 늘 응원하는 올케가 해준 말로 오늘 이야기를 마무리해야겠네요. 딸을 둘 키우는 올케가 제 책을 읽은 뒤에 이러더군요.

"언니, 저는 예전에는 제 아이들이 안 좋은 일 당하지 않게 해달라고 모든 신에게 빌었어요. 그런데 언니 책 읽고 기도를 바꿨어요. 혹시 상처를 받더라도 언니처럼 당당하게 잘살면 좋겠다고요."

여러분, 친족 성폭력부터 디지털 성폭력까지 다양한 성폭력 피해자들은 여러분하고 똑같이 그냥 평범하게 살다가 전혀 예상하지 못한 성폭력 피해를 겪은 사람들입니다. 그 사람들이 일상을 회복할 수 있게, 당당하게 살아갈 수 있게 여러분이 눈물을 반짝이게 하는 빛이 돼주세요. 사람에게 입은 상처는 사람으로 치유될 수 있잖아요. 제가 제안한 세 가지 방법에서 할 수 있는 것부터 하나씩 해보면 어떨까요? 무엇부터 하실 수 있어요?

우리 곁에 살지만 지금까지 모르고 지나친 성폭력 피해자들이 조금은 편안하고 안전하게 이야기할 수 있는 사회를 여러분이 만들어주신다면, 세상은 바뀔 겁니다. 고맙습니다.